子どもたちに残したい日本語

齋藤一夫
Saito Kazuo

冬青社

はじめに

若者がモノを知らないのは、いまに始まったことではないが、徐々にその知らなさの度合いがひどくなっているようだ。

なんでそんなことになったのだろうか？　その原因をつきとめるのはむずかしいだろうが、「知らないこと」の例証を挙げようと思えば、際限なく出てくるだろうし、若者と接点のある人ならば、ハタと思い当たることのひとつやふたつはあるだろう。

そういうことと、いつのころからか、たとえていえば口やかましい「小言幸兵衛」のような人物がいなくなってしまったとはよく聞く話であるし、それと無関係ではないだろう。そのことは、家庭でも、地域でも、職場においても同じことであった。

かつては、家の中でも、地域でも、子どもたちのことを日常の暮らしの中で何くれとなく面倒をみたり、何かを教えようとしたりした大人がいた。それは、隣近所のおじさん、おばさんだったり、祖父母だったり、むろん両親であったりした。

それと同じことが職場の中にもいて、何くれとなく若い者の面倒をみてくれる人がいたものだ。

彼らは、いつの間にかいなくなってしまい、残ったのは両親だけになっているのが現状だろう。その両親もあまり口やかましくなくなってしまった。

おまけに、日常の暮らしが大きく様変わりしてしまい、かつて日々の暮らしの中核を担っていた年中行事、あるいは各地方ごとの習俗、季節の移ろいの中で彩られていた暮らしのヒダのようなものが失われてしまい、同時に暮らしの中で伝えたり、教えたりするキッカケもなくなってしまったのである。

いわずもがなのことをのべれば、今では年中行事は、ことに都市では、流通業者が担い、かつ演出し、わたしたちは一消費者としてまた、商品として購入しているにすぎない。

こうして文化の断絶が起こったのであり、その責任を若者に押しつけるのは見当はずれなのである。

だったらどうすればいいのかというと、文化の断絶という危機的事態をなんとかして、おじさん、おばさんの世代が若者に伝えることなのである。

そのひとつとして、失われつつあることばの持つ豊かさを復権させ、かつまた味わい、より充実したことばの世界へ歩んでいくことではないかと思っている。

二〇〇六年九月吉日

齋藤一夫

目次

二　かつてをしのぶ失われた日本語　85

一　豊かな暮らしから生まれた日本語

【ア行】

あいにく

「あやにく」という古語から転訛したもので、古くは「枕草子」にもあることば。「あや」は感動詞で、「にく」は「にくし」の語幹である。つまり、「ああにくい」というのがもともとの意味で、いつのころからか「生憎」という漢字があてられているが、ことばのニュアンスからするなら、ひらがなのほうがぴったりするだろう。

このことばは、使い方によっては実に広がりのあるものである。女性に「おあいにくさま」なんていわれると、さほど悪い気はしないし、逆に男に「あいにくだったね」なんていわれると、「ナンでぇ」なんてちょっぴり腹の中で拗ねたりなんかしたくなることもある。使い方は難しくないのに、使われる状況によってニュアンスがちがうのである。皮肉に聞こえたりバカにされたように聞こえたりするからである。ひと言で状況をぴたりと表現してしまう、恐ろしいことばでもある。

青菜に塩

しょんぼりして元気のないこと、萎えてしまうこと。青菜に塩をかけるとしおれてしまうことから、こういわれるようになった。近ごろはこういういい方はしなくなり、直接的な表現になったのはなんとも寂しい。

このことばの語感には、いままで元気だったのが突然、生気をなくしてしおれているといったニュアンスがあり、そこにはある種の同情がみられる。元気だったときとあまりにも落差があることから、若干の同情心が起こったものと思われる。

あたぼう

このことばの意味をニュアンスをこめていうと「あったりめえよぅ」ということになるだろう。実におしゃれである。当たり前に棒をつけて、あたぼうとつづめていった江戸っ子の粋《いき》が伝わってくる。

ところで、なんで「当たり前＋棒」なのかというと、当たり前の棒、つまり当たり棒とはすりこぎのことである。する、ということばを嫌った江戸っ子は、すり鉢のことを当たり鉢といったり、スルメのことをアタリメといったりしていた。つまり忌みことばを別の表現にして言霊の魔力を削ごうとしていたわけである。そのうちことば遊びのように広まっていったのだろう。

　誰かの落語の枕だったと思うが、お茶の水の駿河台をあたり台といっていたのをかすかに覚えている。あまりにも冗談ぽくてこれはヒットしなかったが、アタリメはいまも使われているところであたぼう、である。ことば遊びを少し続けていくならば、TBSの初期に人気を博した「てなもんや三度笠」（一九六二年）という三〇分の人気番組があった。藤田まこと、白木みのるのドタバタ喜劇で、前田製菓のクラッカーのCMが流れており、藤田まことが「あたり前田のクラッカー」というと、少年少女はうれしくなって大笑いしたものだ。これもあたぼうのバリエーションではないかと思っている。前田製菓は、いまも健在という。

塩梅

　もともとエンバイと読んでいたものだったが、アンバイに転訛したもの。「按排」「按配」とも書くが、これらはもとは別系統のことばだったが、現在では混同して使われている。意味は、塩と梅酢で料理の味加減をすることから、味加減、もの事のほどあい、または、ちょうどいい加減のことをいう。

　用例としては、「いい塩梅の料理ができた」といえば、考えたとおりのいい味となったということであり、「いい塩梅に降ってきた」といえば、タイミングよく雨が降ってきたということなのである。また、「最近、塩梅が悪くて」といったら、身体の調子がよくないことを指す。「塩梅よくおさまった」といえば、寸法どおりにうまくはまったということをいうように、その用法はかなり幅広い便利なことばである。

ただし、このことばは日常的に使われているような環境の中で育たないと、簡単に出てこないし、ましてや子どもには使いにくいだろう。子どもに「きょうは、いい塩梅ですね」なんていわれたら、一瞬、返答につまるだろう。意味内容からしても、成熟したことばであるから、やはり、大人が日常的に使いこなしていかないと「塩梅」が悪いのである。

勇《いさ》み肌

この場合の「肌」とは、気質のことである。が、この用法、『常用字解』によるとわが国独自の用法であるという。例えば、「肌が合わない」などという用例はその典型である。したがって「勇み肌」というのは、勇ましい人、勇気のある人から転じて侠気《きょうき》の人となったもの、あるいは男らしいとか男立てという意味にもなる。

江戸の川柳に「散り際も勇み肌なり江戸桜」というのがあるが、桜の散り際が潔くて男らしい、これこそ江戸の桜だ、というやや感傷に過ぎたものだが、例え話としてはこれ以上ないくらいにピッタリだ。

ところで、侠気とか任侠《にんきょう》の世界は、ますます現代から遠ざかりつつある。侠気とはひと言でいえば、「弱きを扶《たす》け、強きを挫《くじ》く」というもので、そのためには実力による抵抗もするし、場合によっては死をも賭するという気概のことである。『論語』にも「義を見てせざるは勇なきなり」とあるが、これは人間としてしなければならないことをしないのは勇気のないことである、という意味で、侠気の世界もこれに通じるものである。

しかし、誰しも侠気を持っているが、なかなかそれを発揮することは難しい。小は小さな親切から、大は社会的な義憤の発揮までさまざまの機会がある。ところが、臆してなかなか行動に出られないのが凡夫の悲しさである。このように考えてくると、「勇み肌」ということばは、江戸人の暮らしの中から生まれた美学として昇華されたもののように思えてくる。つまり、江戸人の理想的人間像のひとつとしていい習わされてきたように思える。

「勇み肌」とほぼ同じ意味に使われるのが「競《きお》い肌」である。「競い」ということばの中に「気負い」という意味があり、ここから「勇み肌」と通じるようになったものだが、こちらは使われなくなっている。

居《い》候《そうろう》

居候ということばは、その存在がどこにも見えなくなるとともに忘れられてしまった。他人の家に長い間厄介になっている人のことで、たいていは男であった。着のみ着のままで、着がえはおろか現金ももっていないので、ただひたすらその家の主《ぬし》に食わせてもらうしかなかった。

居候も、二、三日とか、一週間ぐらいだとそこのおカミさんに大事にされるのだが、長々と居続けると、おカミさんが怒り出し、「二階の居候、どうすんのよ！　何とかしないとアタシが出ていく！」と啖呵《たんか》を切られる。そうすると亭主は、居候が昔、世話になった出入りのお店《たな》の若旦那だったりすると、居いておきたいけれど、強いカミさんの手前、どうしようかとウロウロするというのが落語の構図である。

落語のほうの居候は、たいてい大きなお店の若旦那で、廓遊《くるわ》びが過ぎて勘当され、仕方なく出入りの頭の家に厄介になるというのがスタンダードであるが、一般にはこういう例は少なかったようである。住宅事情のせいで、住むところが見つからず、少しの間居候するというのが結構多かったようだ。そのせいか、居候の川柳はいくつもある。代表的なのが、「居候三杯目にはそっと出し」とか「居候角な座敷を丸く掃き」があって、置かれた立場のあやうさがにじみ出ている。

ほかに、「居候因果と子供きらひなり」「居候せう事なしの子煩悩」とかがある。居候と似て非なるものに転がり込むというのがあるが、男が女のところに、女が男のところに転がり込むのは居候とはいわない。遊びが過ぎて、家にいられなくなった若旦那の場合は、落語によく出てくる例だが、戦後しばらくの間は、本当に住むところがなく、狭い長屋で気がねしながら暮らしている人は多かった。昨今、居候のもっていたペーソスのようなものも失われてしまった。

居候のことを別に権八というが、歌舞伎の白井権八が幡随院《ばんずいいん》長兵衛宅に厄介になっていたことに由来するという。

労《いたわ》る・労《ねぎら》う

労という字には、もともと神が人を「ねぎらう・助ける・いたわる」（『常用字解』）という意味があったが、時間とともに、神はどこかへ飛んでいき、人間界のことに使われるようになったものだ。

ところで、今日では日常的には「いたわる・ねぎらう」という語感と、労の字の間には、少しギャップがあるような印象を受ける。つまり、労という字と「いたわる・ねぎらう」という語感とは、たちどころにつながらないのだ。別のいい方をすれば、「いたわる・ねぎらう」と聞いても、労の字がすぐに思い浮かばないのである。おそらくわたしたちは、「いたわる・ねぎらう」ということばをはじめに覚え、しかる後に、その漢字が労であることを知ったからだ。

「いたわる」も「ねぎらう」も、相手を思いやることばだが、直接、その相手に発することはない。例えば、「わたしはあなたをいたわる・ねぎらう」とはいわない。多くの使用例は、相手の行為に対して、ねぎらったり・いたわりのことばをかける、というように使われている。

ところで、ねぎらいやいたわりのことば、あるいは別の表現をするにしても、相手をどのように思いやっているかによって、その表現は千差万別であるだろうが、いわずもがなではあるが、思いやる心がなければ、それはたんなるパフォーマンスでしかなくなる。

近ごろ、マニュアル語がはびこっており、あちこちでそれに対する違和感が聞こえてくる。マニュアル語で返されると、喜ばれているのか、はたまたそうではないのか、そのビミョーなところが、そこからは伝わってこない。ビミョーなところを肉づけするのが、思いやる心なのだと思う。その心さえあれば、同じマニュアル語を使っても、相手に心根《こころね》は伝わるものである。

したがって、大切なのは思いやる心をことばや表現にどう肉づけするか、ではないかと思う。あるいは、その気持ちを相手にどう伝えるかではないかと思うのであるが、その表現方法は際限なく広がっているということである。つまり、ことばかりがその手段ではない、ということだ。身ぶり、手ぶり、まなざしで伝えることができるのだ。おそらく人類は、何万年か、あるいは何十万年かかかって、それを生みだしてきたのであり、それは人類共有の財産なのである。

今日から「おつかれさま」「ご苦労さま」などという「ねぎらい・いたわり」のことばは、本当にありがとうという気持ちをこめて発しよう。さすれば、人間関係がうまくいくこと必定である。

一目《いちもく》置く

元来は、囲碁のことばである。囲碁では、弱いほうが、一目（ないし二目）先に石を置いて始め、強いほうのハンディキャップとすることから、相手に一歩譲るという意味になったり、さらに、相手のほうが自分よりもすぐれているという意味で使われるようになった。ただし、本気で使っている場合には問題ないが、そうではなく一種の謙譲《けんじょう》語として使われることもあり、この場合には、正しい意味で受け取ってはならない。「わたしは、アンタに、一目も二目も置いてます」といわれても、そのまま信じてはいけないことがある。こうした使い方の場合、謙譲の意味が強く、その場を和ませる意味合いで使われていることがあるので、正直に受け取って、場違いな行動に出てはならない。要注意である。

いっこく者

意味は、がんこ者、一徹ものということだが、語源には二説ある。ひとつは、一刻の字を当てるもので、せっかちという原義が後に少しのことでもがまんできない人、がんこでいうことを聞かない人となったというもの。もうひとつは、一国の字を当てるもので、一国一城の主として他人の意見を聞かない人となったというものである。

いずれの説をとるにしても使われ方によって、かたや愛敬《あいきょう》（嬌）のある人のように見えたり、どうしようもない意固地な人に見えてしまうのがこのことばである。みずから「いっこく者」を名のる場合には、ややへりくだったニュアンスがあるが、他人から陰でそういわれる場合、多くは意固地（依怙《いこ》地《じ》）でどうしようもないということになるからご用心。

鯔背《いなせ》

江戸時代の日本橋の魚河岸で、粋で侠気のある若者のことを指したことば。イナとはボラの幼魚で、粋で侠気な若者がイナの背びれに似た形の髷《まげ》をしていたところから、いなせということばが生まれた。夏目漱石の「草枕」に「道理で生粋《いなせ》だと思ったよ」という表現がある。真っ正直でさっぱりした若者のことを指したように、「粋でいなせで」という表現は、かつての庶民の若者の中にたくさんいたことをうかがわせる。

つまり、損得を考えずに行動する若者のことでもあった。合理的に考えていたのでは「粋でいなせで」ということにならないから、頼まれればどんなことでも「いや」とはいわない、そうした若者のことなのだが、さて小説の人物像にはどんな人がいるかと考えると、すぐには思い当たらない。

しかし、落語ならいそうだ。六代目三遊亭圓生らが演じた落語に「火事息子」という名作がある。立派な質屋の跡取り息子なのだが、どうしたわけか子どものころから火事が好きでとうとう火消し人足、つまり当時の呼び名で臥烟《がえん》となってしまった。臥烟は、火事となれば、真っ先に飛び出して危険をかえりみず、火の中に飛び込み、消火に当たったといわれ、その気っ風の良さが娘たちの間で評判になったという。命を的にしている仕事だったせいか、その気っ風の良さがいなせといわせたゆえんだった。

棁《うだつ》

もともとは「うだち」と読んだ。うだつとは、木造家屋で梁《はり》の上に建てて棟木を支えている短い柱のことである。したがって、うだつが上がるとは、棟上げするということになり、一軒の家の骨組みができ上がることと同じ意味になる。転じて、立派になる、一人前になるとなったもの。反対に、うだつが上がらないとなると、大したことがない、見込みがないという意味になる。

ところで棟上げは、大工にとって象徴的な作業であるとともに、それを祝う儀式。別名、建前ともいうが、この儀式は、施主にとっても大工にとっても喜ばしいうえに誇らしいものであった。

かつて近所に建前があると、子どもをはじめ大人たちもお祝いにかけつけ、施主や大工たちがまく、餅、おひねり、お菓子を待ったものだ。最近では、建売住宅が多いところではこの風習はすっかり影をひそめてしまったが、近所に対して建前を行うことは、新しい家が建つということのお披露目であるとともに、その儀式を一緒に祝うことでもあった。こうした風習が行われなくなったのは、近所付き合いが希薄化したことが一番大きな理由だろう。

しかし、「うだつ」ということばは残った。ただしそれは否定的な意味合いの「うだつが上がらない」と使われることがほとんどだ。

内股膏薬《うちまたごうやく》

二股膏薬《ふたまたごうやく》ともいうが、現代の生活の中で、内股に膏薬（貼り薬）を貼った状態では、このことばの意味するところのものはなかなか想像しにくい。このことばのもともとの意味は、和服を着ていると、内股に貼った膏薬が反対の内股にもくっついてしまうというものである。

かつての膏薬というものは、皮膚に直接塗ったり貼ったりした上に、薄い紙を貼って、関係のないところへはくっつかないようにはなっているものの、最近のようにまったくつかないというわけにはいかず、ややもすると患部ではないところにもくっついてしまうこともあったから、どっちにつくか分からないという意味でこのことばが生まれた。転じて、強いほうにつくとなったり、都合のいいほうにつく人とかを指すことになり、自分の意見を持たない（人）という意味にも使われる。

打ち水

かつてひんぱんに行われていた日常的習慣が、二〇〇四年の八月一八日、復活した。それは、NPO法人「日本水フォーラム準備室」（当時）が呼びかけ、都内数カ所で行われた「大江戸打ち水大作戦」である（二〇〇五年は八月一一日に行われた）。

その昔、まだ道路が舗装されていないなかったころ、乾くと舞い上がる土ボコリをおさえるために、道路に面していた商家ではひんぱんに打ち水をしていた。また夏になると、打ち水をすると心なしか涼しくなることを知っていたわれらの祖先は、いつもよりひんぱんに打ち水をしていた。

そんな習慣が、道路が舗装され、室内が冷房されるとともに忘れられたようだ。実際は、なぜこの習慣がなくなってしまったのか、誰も知らない。気がついたら、誰もやらなくなったのである。何がキッカケで、というよりも、ご近所付き合いが希薄になったということがいちばんの理由かもしれない。そういうことを習慣としていた年寄りがいなくなると、また一軒、また一軒と誰もやらなくなり、そしていつしか習慣を忘れてしまった、というのが本当かもしれない。

打ち水の水は、たいてい掃除に使った残り水とか、米のとぎ汁、風呂の残り水であったようだ。何も使っていない水をまくのは少数派であった。それだけ水を大切にしたということだ。

ところで、一八日の「打ち水大作戦」は、都庁前、渋谷区内、お台場、銀座などで行われ、わずかの時間だが、それぞれの地域で気温がおおよそ一～二度下がった。

「打ち水大作戦」のねらいは、失われた地域の絆を再び取りもどすことである。かつて、それぞれの家が、自分の家の周りだけでなく、近所を掃除し、打ち水をしていったように、どこのまちでもそれがごく自然に行われていた。

うってんばってん

「うんてんばんてん」ともいう。漢字に書くと分かりやすい。雲泥万里と書く。「うってん」は雲泥がなまったものであるというのは分かりやすいが、よく分からないのが「ばってん」である。万里と書いてどうして「ばってん」あるいは「ばんてん」になるのか、納得のいく答えはいまのところない。

意味は、双方とも天と地ほどの開きがある、かけ離れているということである。「うってんばってん」、あるいは「うんてんばんてん」といういい方は、江戸なまりで、落語にはよく出てくる用例である。

使い方は、「うってんばってんのちがい」というように使う。とてつもなくちがうというニュアンスを出すために使っている。いまでは、雲泥のちがい、といったほうが使いやすいし、とおりやすいだろう。でも、江戸っ子は、このいい方が好きらしく、よく出て来るのは、若い人に対してこのいい方をしてケムに巻くという、ある種のコケおどしの作用を期待してのことのようだ。

駅弁

駅弁のルーツは、明治一八年（一八八五）、東北線の宇都宮駅でのことだということになっているが、果たしてそのとき駅弁なることばは使われていたのだろうか。ともあれ、宇都宮の旅館白木屋では、竹の皮包みに握飯二個のものを売りだした。二番目は横川駅、三番目は高崎駅である。

しかし、いまや駅弁は、デパ地下のメインの商品になっている。地域性が出せること、食材の特徴が出せることから多種多様な駅弁が開発されており、ファンにはうれしい限りだ。

かつて駅弁は、ホームでおじさんかおばさんが肩から下げた箱の中に入れて売っていた。駅弁で有名な駅に着くと、窓を押し上げて弁当を買うのが、旅人にとってのひそかな楽しみであった。昨今では、新幹線はもとより特急の窓も開かないようになっており、昔のようにして駅弁を買うことはできなくなった。

少し前までは、すでに述べた横川駅の名物駅弁は「峠の釜飯」で、その名は全国に知られていた。長野新幹線の開業とともに、「峠の釜飯」はなくなり、高速道路の出口近くにある店舗の中でそれを食べることになった。「峠の釜飯」は、横川駅で食べるからおいしいのであって、大きな食堂で食べるのでは風情が感じられず、ひと味ちがうように思えてならない。

いま、全国でどのくらいの駅弁がつくられているのだろうか。かなりの数になるだろうが、多くの駅弁は幕の内弁当スタイルでつくられている。考えてみると、幕の内弁当の原理はいまも生きていると思える。つまり、手間ひまをかけて、丹念につくっていくという精神がすべてとはいかないまでも、多くの駅弁の中に生きているように思える。誇るべき食文化の粋が、身近にあることはうれしい。

おいそれと

「おい」は呼びかけ、「それ」は応答を意味し、「おいそれ」で呼びかけに応える形になるが、このことばは後に否定の語が続くのが慣例になっている。呼びかけられてもすぐには応えられない、という意味となり、「よく考えずに」「すぐにはできない」「簡単にはできない」ということになる。まことにうまくできたことばで、江戸っ子の心意気のようなものが感じられる。つまり、会話の弾みというか、流れというか、そういうものを促すようなことばであるように思える。今日では、使う人はある年齢以上の人に限られているように思えるが、もっと使われていいのではないだろうか。「短兵急《たんぺいきゅう》(に)」も同じ意味である。

岡目八目

岡目とは『和訓栞《わくんのしおり》』によると、「をかめ、陸目の義、海中の事を陸より観て計るをいふ」とあるように、立場のちがうところから見ること、つまり客観化することである。ただし、より穿鑿《せんさく》していくと、たんに脇から見ているだけのことでなく、「本当のことが分からないくせに無責任」といったニュアンスがある。岡目八目はまさにそのことを地でいったものである。

八目は碁のことで、先が読めるという意味である。したがって、「岡目八目」とは、いい意味では「傍観者であるからこそことの次第がよく見える」ということになり、反対の使われ方としては、「わけも分からないくせによくいうよ」という意味にもなる。

このことばは、その意味を正確につかみ、使い方に注意しなくては、聞き手に、軽んじられていると思わせてしまうことがある。「傍目《おか》八目」とも書く。

おきゃん

「おきゃん」とは、愛敬のあるおてんばな女の子のことである。もともとは、「きゃん」といったが、いつの間にか「お」がついて、「おきゃん」といい習わされてきた。語源は、侠の字の唐音であるという説が有力で、江戸時代は、語源に近い意味で男女両用に使われていた。このことばには否定的なニュアンスはあまりない。むしろほほえましい姿として見守っているという意味合いがある。

江戸の「おきゃん」たちは、おきゃんでいられる時間がしごく短かった。一〇代になるかならないうちに子守りをしたり、奉公に出されるのは珍しくなかった。いまでは考えられないくらいの年代で、子どもたちは立派な働き手となり、一〇代後半で結婚することもふつうであったから、子どもの時間が短く濃密であった。

『俚言集覧《りげんしゅうらん》』に「きやん、江戸の俗語、少女のはすはなるをいふ」とあるということは、江戸時代には、そういう子どもが少なからずいた、ということである。はすは＝蓮葉のことで、軽薄な女の子の意味だが、ここには冒頭に述べたようなニュアンスはなく、どうやら当時の道徳律にはずれそうな女の子が、道徳家には目に余るほどの数になっていたことがうかがえる。

この少女たちが後により力を持ち、「おきゃん」となっていったにちがいない。それとともに意味がやや変化し肯定的な存在となっていったと思われる。この背景には、そうした存在を許容してもいいという社会的コンセンサスが醸成されていったのだろう。それは町人層が力を持ち、社会の底のほうから時代を動かしつつあったからである。そこには、いままでの道徳律では制御できないことが多く生まれたということであり、少女たちの言動所作も例外ではなかったのである（少女たちの社会的背景については、「おちゃっぴい」を参照）。

お鉢がまわる

お鉢とは、飯櫃《めしびつ》のことである。懐石料理では、飯櫃を順送りするために、このことばが生まれたという。江戸では、飯櫃のことをお鉢ということから、自分の番になったことを「お鉢がまわる」といった。

ところで、お鉢のことを知らない若い人のために、少し説明しておくと、直径四〇センチ、深さ二五センチくらいのふたのついた木の桶をお鉢という。昔は家庭でも食堂、鮨屋でも、必ず飯をお釜からこのお鉢に移しかえていた。なぜわざわざこんなことをするかというと、お釜の中に入れておくと、保温が利かないことと、湿気が抜けずにご飯がおいしくなくなるからである。お鉢は、木製なので右のことをうまく調整してくれるのである。最近こういう面倒なことをしなくなったのは、電気釜に保温性と保湿性を調整するアイコンが組みこまれているからである。だからといって、「電気釜がまわってきた」とはいわない。

おしゃか（になる）

現代では、「おしゃかになる」というような用例がわずかに使われているが、「おしゃか」ということばの意味そのものは、これとはまったくちがうものである。歌舞伎の「与話情浮名横櫛《よわなさけうきなのよこぐし》」の中のお富と与三郎の話の中に「死んだと思ったお富が生きているとは、お釈迦《しゃか》様でも気がつくめえ」という有名なセリフがあるが、「おしゃか」とはここでいわれているように、なんでもお見通しのお釈迦様でも知らないだろう、つまり、ないと思われていたことがあったというように意外なことが起こったときに使われたものだった。

いまでは、「おしゃかになる」といういい方がモノ作りの現場に残された。由来は二説あって、ひとつは、鋳物工場で鉄を鋳《い》る温度が高すぎて失敗したことからである。温度が高い、つまり火が強すぎたという意味で、下町では火がヒではなくシになることが多く、シガ強カッタ＝四月八日（お釈迦様の生まれた日）となり、失敗したことがおしゃかになる、となったという説である。もうひとつは、やはり同じ鋳物工場で地蔵を鋳るべきところをお釈迦様を鋳てしまったことから、失敗したことをおしゃかになるといい習わしたのだという。

おちゃっぴい

このことばの語源は「お茶ひき」からきたものであることは確からしい。お茶ひきとは、江戸のいつごろのことか、客のつかない遊女が臼で葉茶をひく仕事をさせられたところから、ひまな遊女のことをお茶ひきといった。現代でも店のひまなことをお茶をひくというように、今日まで伝わっている。

しかし、お茶ひきがいつのことか元気でおしゃべりの女の子のことを指す、「おちゃっぴい」になったのかというと、お茶ひきがなまってそうなった、という説明がある。なまる前と後で意味内容がちがうのだが、たいていの資料にはそれしか出てこない。これはわたしの推測だが、遊女がお茶をひいている間は、手はふさがっているものの、口は開いているから、しきりと朋友と話をしたことから、おしゃべりで元気のいい娘のことを指すようになったのではないだろうか。昔の遊女は、一〇代後半から二〇歳前後の娘が多かったから、彼女たちが数人寄れば当然かしましかったことは容易にうなずける。

「おちゃっぴい」ということばには軽侮の念がありながら、必ずしも否定的ではないところがある。大体、一〇代の子どもに対して使われるので、語感にはかわいらしさが含まれている。現代では、一〇代になるかならないかの女児、つまり、ことばを覚えたての年齢から小学生ぐらいの子どもに対していわれているようだが、この年代だったらかわいらしさが先に立つ。果たして現代の「おちゃっぴい」はどんなことを話題にしているのだろうか。それを聞いても、悲しいかな外国語のようなひびきのように思えてくるのは、どうしたことだろうか。

おつもり

積《つも》りの丁寧《ていねい》語であるという説がもっぱらである。つまり、積りに「お」をつけたもので、酒席の最後の酌《しゃく》のことである。ときたま、「これで今夜はおつもりに」という年配者がいるが、そのときはそのことばに従うにしくはない。

語源は「積る」の転の「つもり」ではないかという説が『大言海』にある。雪が「積り積って止んだ」という用例があるように、「積る」あるいは「つもり」は重なって一定の量に達する意から、これ限りにする、終わるという意味がある。例えば、将棋でも終わることを「詰んだ」とか「詰む」と表現しているように、「つもる」「つむ」は終了という意味に使われている。したがって、「つもり」は「詰もり」でもあるのではないかと思う。そうだとするなら「おつもり」は「お詰もり」で、終わりという意味がよりはっきりしてくる。

終わりとかおしまいを忌んだ表現としてお開きにするというういい方があるが、これもその類いではないのだろうか。「これでおしまいに」というより「これでおつもりに」といったほうが表現が柔らかく聞こえてくる。

おとこだて（男達、男伊達）

男としての面目のために、身を捨ててことに当たる気概をもった人のことをいう。勇み肌（別項参照）の人のことと同じで、任侠の精神にあふれた人でもある。しかしこのような人物は、時代小説・時代劇映画などにしかいまはいない。それどころか、現代では、男を前面に建ててとやかくいうことは、いささか場ちがいなこともないではない。

「男らしくない！」と罵倒されても、ジェンダーフリーの影響か、男とか女とかとやかくいいたてることが揺らいでいるから、なにをいわれているのか分からなくなっているのが昨今の現状かもしれない。「おとこだて」とは別に「おんなだて」ということばもあるが、これも「おとこだて」と同様に、ますます意味が薄らいでいることだろう。

尾崎士郎の『人生劇場』（一九三五年）は一種の任侠小説の趣があるが、この中にささやかなエピソードとして警官が「お前の職業は何か？」とたずねるところがあり、それに対して「男を売っております」と応えるシーンがある。「男を売っている」とは男色のことではなく、義理・人情の世界に身を置いているということである。戦後のリバイバルとして村田英雄が歌った「人生劇場」は作詞が佐藤紅緑門下の佐藤惣之助である（阪神タイガースの応援歌「六甲おろし」の作詞家でもある）。この詞は、映画「人生劇場」（残侠編）の主題歌としてつくられたが、まるで任侠の世界そのものである。

しかし、ある世代にとってそれは、恥ずかしながらどこかでシンパシイを感じずにはいられないものである。ある時代まで、「おとこだて」「おんなだて」という世界が生きていたことは確かなことである。それは古い感情・感傷と切って捨てることはたやすいが、そうとばかりに割り切ることもできない気もするのである。

【カ行】

気骨

『常用字解』では、「気」は、「すべての活動力の源泉」、「骨」は「肉体の核をなすもの」としている。すなわち、「気」と「骨」で「その人のすべてを一体にしたもの」と解することができ、そこから転じて、「その人らしい」となったのではないだろうか。

現代の用法の例として「気骨のある人」といういい方があるが、「自己の信念に忠実な人」の意味で、いつのころからかこのような意味で使われるようになった。一方、「骨っぽい人」といういい方も同じような意味で使われることがあり、この場合、「気」が脱落したものだが、それでも意味は通じる。しかし、このことばは最近ではとんと使われなくなったのは、何か意味があるのだろうか。世に「意地を通す」「筋を通す」「一分を立てる」とかいうように「気骨」と同じような意味のものがあるが、そうとばかりいっていては暮らしが成り立たぬという現実があるのも事実。

一方、「筋を通せない」現実に対して、「すまじきものは宮仕え」とばかりに憂え嘆いて気晴らしをすることをわれわれは知っている。そのような衆生《しゅじょう》にとって「気骨ある人」はあこがれの人なのであるが、このようなことばが失われつつあるということは、そうした存在がいまやうっとうしいと思われているのではあるまいか。

きざ

漢字で「気障」と書くように、「きざわり」の略字体である。江戸以来のことばで、江戸っ子が一番嫌ったもののひとつという。意味は説明するまでもないので略すが、この反対語に属するのが「粋」である。

ところで、なにが「きざ」なのかは、ことばで分かっていても実際はその説明をするのは難しい。「きざ」は身なり、しぐさ、ことばづかいに表れるが、今日の「きざ」な身なりとは、どんなことをいうのだろうか。

例えば和服である。男女とも若い人が、いきなり和服を着てもなかなか似合わない。「きざ」なのである。日々、愛用し、着なれてくれば、サマになるのであろうが、ただ機会があって身に着けただけではそうはいかない。しかし、そこのところを大目に見ないで、「きざ」といっていると、いつまでも身につかないのであるが、それでも、着なれない和服などはかわいいもので、自分を少しでもえらそうに見せたりするような服装とか装飾品を身につけるとなると、「きざ」のそしりは免れないだろう。例えば、ブランド品をこれみよがしにジャラジャラさせるのは、もはや「きざ」をとおりこして悪趣味の部類だろう。

さて、しぐさとことばづかいだが、なかなか「きざ」の見本が見つからないのは、「きざ」なものが少なくなりつつあるからだろう。かろうじて落語の「酢豆腐《すどうふ》」に登場する若旦那は「きざ」の権化のような若者なので、ここからイメージしてもらうしかない。「酢豆腐」の場合、「きざ」をかなり滑稽《こっけい》にしているのでとても分かりやすいが、いずれにしても「きざ」とは、自分をモノやしぐさ、ことばなどの力を借りてでも少し大きく見せよう、背伸びさせようということにほかならない。

気質

「きしつ、かたぎ、きだて」と読む。おもにその人の個性がよく表れている様を指す。「かたぎ」という読み方は、形木から転じたものという。「きしつ」と「かたぎ」のどちらの読み方が多いのか分からないが、「かたぎ」で流通しているのをよく見かける。

職人気質、昔気質とはよく使われる例だが、そういう例の実在が少なくなりつつあるのが少し寂しい。その人の個性や職業のある種の偏りや依怙地（意固地）さが出ていることを「かたぎ」といっているように、メンタリティの発露としてわたしたちは肯定的に受け止めている。職人気質でいえば、職人としての誇り、自分の腕（技術・技能）に対する自信がおのずと表出されたものであると評価できるだろう。「かたぎ」ということばの存在感が薄らいでいるのは、わたしたちがいつの間にかそうした偏りとか依怙地さを忌避《きひ》するようになったためではないだろうか。他者とのつきあいに、当たらず触らずという気分がわたしたちの社会にび漫しているという人もいるが、それを全面的に否定できないのである。ただし、職人気質とは他人がいうことばである。

「かたぎ」という個性は否定的なものではない。むしろ肯定的であることが、わたしたちの誇りであったことが忘れられようとしている。

生成《きな》り

生成りとは、素材そのままということである。おもに、繊維について使われ、綿や麻、羊毛の素材の良さを生かして織ったもののことを指していう。

ひところ、バブル経済の前、生成り（そのときは、生なりと表記）が時代のキイワードになりかけたことがあった。環境問題の反省から、ナチュラルな生活を志向する時代の雰囲気を反映して、生なりということばが輝きを持ったのである。やがて、生なりは自然志向派の分かりやすいキイワードとして成長し、そのテリトリーも広がった。白木の家具ももてはやされ、生なりの旅というものまで現れた。

ぴったりと時代の雰囲気と重なった生なりは、バブル経済がやってくると、あっさりと打ち捨てられ、そのうち誰も思い出さなくなってしまった。本気で生なりの生活をやるというのならともかく、商業主義の上っ面で踊らされる程度のものでは、所詮はかない運命なのである。

侠気《きょうき》

強きを挫き、弱きを扶けることであるが、男気といういい方も同じである。もともと大衆的読物の中の反権力的存在の生き方・行動指針の重要な要素として巷間伝えられてきたものである。

つまり、ヒーロー（ヒロイン）の条件である。

与謝野鉄幹の有名な歌「妻を娶《めと》らば」の中に「友を選ばば書を読みて、六分の侠気四分の熱」という有名な一節があるが、この場合、必ずしも侠気とは反権力とまで言及しているとはいえないだろうが、おそらく頼りがいのある、といったぐらいの意味である。

しかし、本来は反権力的存在であったはずである。強い、といえば権力をもつ階級（層）のことであったから、その「強き」に対して反抗し、「弱きを扶ける」のは、男子の本懐であった。ところが、この侠気の描かれ方をよく見てみると、反権力の中身が実にバラエティに富んでいる。

例えば、イギリスのロビンフッド伝説というものがあるが、主人公は失われた王権の回復ということで侠気を発揮したのであった。かたや、江戸時代の佐倉惣五郎伝説は、年貢取り立ての苛《か》斂誅求《れんちゅうきゅう》という現実が生み出した侠気のヒーローであった。このほか探し出せばいろいろと面白い侠気のヒーロー（ヒロイン）が歴史上の物語の人物として存在しているだろう。

つまり、侠気という感情は、現実の生活上のものというよりも、それを超えた思想上のものという意味合いのほうが濃厚なのである。あるいは、それとはまったく逆に、日常的に侠気が発揮される場面に出合うこともある。すなわち、困っている人を見過ごせない、という人たちである。かつて、金銭に困っている友人のために、自転車を盗んで捕縛《ほばく》されてしまった青年のことを聞いたことがある。いまから三〇年近い昔のことである。この青年に、盗みは罪だと説教するのは、侠気を理解しない人である。その青年は、友人を助けたい一心で盗みを働いたのだが、ここに合理的な考えを持ち込んでその侠気を否定する人は、永遠にそのことを理解しないであろう。侠気とは、合理精神から遠いところにあるのだ。

管《くだ》を巻《ま》く

この「くだ」とは管のことである。糸を紡ぐ場合、糸巻の心棒に管を差しこんで回転させ、撚《よ》りながら糸を巻いていくが、この際、管がブンブン音をたてることから、同じことを繰り返していうことを「くだをまく」というようになった。

「くだをまく」の用例は、たいてい酒飲みの繰《く》り言の迷惑さ加減に使われているが、もともとはどうだったのだろうか。酒飲みに限らず日常的に、「また始まった」といわれるようなことをする人は意外と多いものだ。酒を飲むとその頻度がいつもより多くなるのは経験的に明らかだ。

ところで、人はなぜ「管を巻く」のであろうか。この中に若者は入っていない。たいていは、中年以降の人たちだ。ことに酒場における、男たちの話題の多くは、社内のこと、スポーツのことなどの繰り返しである。よくもまあ、毎日毎日、似たようなメンバーで同じようなことをやっていられるものだと感心するが、昨今の若者にはこうしたオヤジ化する割合は少ないようだ。すなわち「管を巻く」文化は、いまや少しずつ少数派に転落しつつあるのかもしれない。

酒を飲み、日常のコマゴマしたこと、クサクサした、嫌なことをすべて吐き出すのが「管を巻く」文化とすると、これがなくなるということは、生活の位相が変わってくるということでもあるだろう。

「管を巻く」文化は、ストレス発散の文化でもあり、人と人との融和をはかる文化でもあった。若者たちがこういう文化を嫌い、できるだけ「わたし」に帰りたい、あるいは「わたし」でいたいというのは、なんら否定されるべきことではない。やがていつの日か「管を巻く」は死語となって、何のことやら分からなくなるのかもしれない。

愚直《ぐちょく》

辞典には、愚かでまっすぐなこと、バカ正直、と出ているが、どだい愚かということすら日常語ではなくなりつつある。「アホ、バカ」がそれにとって代えられている。したがって愚直などという硬い表現も現代の生活からは遠ざかりつつある。

おそらくいま、愚直なる表現が残っているのは、活字の中だけである。しかも使われる文脈も限られているだろう。谷崎潤一郎の出世作「刺青《しせい》」の冒頭の名文、「其《そ》れはまだ人々が『愚』と云《い》う貴い徳を持つて居て、世の中が今のやうに激しく軋み合はない時分であった」というのがあるが、愚直の愚も、これと同じ意味内容をもっている。

かつて「愚」というのは「貴い徳」であったのだ。したがって、愚直という表現も、そのようなものとして人びとの間に染み渡っていたのである。こうした背景の中にあって初めて、この表現は意味を持ち得たのである。

しかし、ときはかなり隔たってしまった今日、かつての時代背景との差はいかんともしがたく、残っているのは「スポーツ根性もの」の世界でときおり見受けるぐらいなものだろう。確かにそれは、「貴い徳」にちがいなく、残された理由はそれなりにある。

幻冬

諸橋『大漢和辞典』を見ても、この幻の字から直接、冬に結びつくものは出てこない。漢字の成り立ちは「染色した糸を枝にかけたさまに象り、かわる意を表はす」とあり、なぜ幻が冬に当てられたかは分からない。

しかし、わたしは、幻の最も主要な意味であるマボロシが冬の意味に当てられたことから推量したい。ただひたすら耐えて冬をやり過ごしていた古代人の感覚にとって、冬の時間はマボロシのようであったのかもしれないからだ。

業腹《ごうはら》

腹が立つ、残念だという意味だが、このことばは「業」が仏教から出てきていることが重要である。

意味するものは、その人の行いということだが、仏教では、因果応報の例えのとおり、行いは必ずその人に返ってくるという教えがある。悪行を積めば、必ず悪いことが起こり、反対に善行を重ねれば、いいことに恵まれるというもの。

しかし、以上のことから「業腹」が「腹が立つ、残念だ」となるまでには飛躍がありそうだ。そこらへんをうまく解説したものはと探してみると、「業を煮やす」ということばにぶつかった。「業を煮やす」とは、お腹の中が煮えくり返っているという意味、つまり腹立たしいということで、このあたりから「業腹」が生まれたというが、これは説得力がある。

用例としては、「それは業腹なことだ」というように「腹立たしい、残念だ」という使い方である。

心根《こころね》

『広辞苑』には、和泉式部集の和歌を例文として挙げているように古いことばである。その人の本当の心とか、心の根っこのことを意味しているが、最近は「心」が脱落して、「根は優しい子で」とかいうように使われている。

このことばから察するに、古代人あるいは中世人は、心には根というものがあると考えていたことが分かる。『常用字解』によると、根とは「もののもと」であり、心根とは「心のもと」であるとあり、「心の発信地」であるとも解釈できる。いまでも「心はどこにあるの？」と問われたら、容易に答えは出ない。心理学的には答えはあるのかもしれないが、「心には心根というものがあって……」と話したほうが分かりやすい。しかし、心はどこにあるかも大問題だが、心のうちというものが他者にはまったく分からないことで、わたしたちは迷う。心理学や精神医学が一応は発達してきているとはいえ、人間の心の奥のことはまるっきり分からない。ひとくくりに、それを闇といってしまっては身もフタもない。

こまっちゃくれる

子どもが大人びたふるまいやいい方をすることに対していう、江戸以来のことばだが、いつの世でも子どもは、少し背伸びをして大人びたふるまいや口のきき方をしたがるものである。このことばの状況としては、そうしたことを微笑ましく見守る大人がいなくては成立しない。つまり、子どもはあくまで子どもとして見守るという大人たちの姿勢があるということである。子どもは子どもとしての時間があるという視点なのである。

したがって、どんなことをしようとその時間内であれば多少の非難はされるが許されるということを、このことばは明らかにしているのではないか。「こまっちゃくれる」ということばの語感の中には、否定のニュアンスはほとんどない。これをわたしたちの文化の特性ととらえるべきであろう。

【サ行】

ざっくばらん

意味は、隠しごとのない態度やいい方のことである。用例としては「あの人はざっくばらんな人だ」というと、見たままの裏表のない人という褒めことばであったり、「ざっくばらんないい方だね」となると、率直なストレートな、ということになる。

このことばは、江戸ことばの「ざっくばらり」が元であることは分かっており、明治以降、いまのような形になったものらしい。語源は『俚言集覧』によれば、「鬆鬖《そうさん》などの意か」とある。このふたつの漢字はともに髪の乱れたさまをいう。「ざっくばらん」は、髷のもとどりが切れてざんばら髪になったさまを模したものかもしれない。

いずれにしても音のひびきとその意味するところがぴたりと合ったことばで、これからも受け継がれていくことだろう。

志操《しそう》

志操とは、志が固いことである。とはいうものの志とは何かと問うてみても、なかなか答えは見つからない。身近な話題としては、志望校へ入りたい、志望の会社へ入りたいというものがあるが、ここでの志とはそういうものではない。天下国家にどう関わるかということであったり、あるいは人格の陶冶《とうや》を目指してどう気高く生きるかといったときに使われたものである。

しかし、現在では、志を立てるということがなくなってしまった。それはそれでよかった、と思う。つまり、「志高きがゆえに尊からず」と考えているからだ。かつてもいまも、そもそも志を立てることは尊いことである。しかし、例えば議会制民主主義の今日、志を立てて議員になった諸氏の中のごく一部のふるまいは、こと志はどこかへいき、「尊からず」となってはいないか。

かつて志が云々されていたときは、志の高いことは人格の最高の表現のようにも考えられていた。「政治は最高の道徳」といういい方は、そのひとつの例であるが、建て前としては誰も否定はしないものの、現実はそこからはかなり遠いところにある。

この遠さが、志を立てることの胡散《うさん》臭さとつながっている。すなわち「志高きがゆえに尊からず」なのである。かつて、志の高さによってすべては免責されていた。酒グセが悪かろうが女グセが悪かろうが、志の前に一切がひれ伏していた。しかし、果たしてこれは道理なるや否や。

したがって、「政治は最高の道徳」なる表現はひとまず取り下げておいたほうがいい。この表現は一種のエリート主義の基盤の上に成り立っている。ノブレス・オブリージの存在していたときにはありえた表現である。だがそれはいまは昔である。

じだんだ

漢字を当てると「地団駄・地団太」であるが、「地たたら」の転訛したものという。「地たたら」とは「地踏鞴《ぢたたら》」と書き、たたらのことである。たたらとは、片足で踏んで空気を送る大型のふいごで、かつては鍛冶職人にとって必須の道具であった。

たたらから送られた空気によって炭はまっ赤となり、火勢が強くなる。「じだんだ」とは、たたらを踏む際に片足を上げたりするさまが、まるで怒ったときや悔しがるとき足を踏みならすのに似ていることからつけられたか、あるいは逆に怒って足を踏みならすさまが、たたらを踏むのに似ているからつけられたのかもしれない。

大相撲の世界には、いまも「たたらを踏む」ということばが残っている。勢いよく突いたりしたところ、相手にかわされ「オットット」とばかりに両足がついていかず片足が浮いて空足《からあし》を踏んでしまうことで、一場所にいくつかあり、解説者が「たたらを踏みました」といっている。この場合は文字どおりの意味で使われている。

ところで、いまでこそたたらは日常の生活の中からほとんど消え失せているが、近代工業社会が訪れる以前は、まちの中にも村の中にも、その土地の需要に応えていた鍛冶屋さんが多くいて、刃物・工具・農具などを作っていた。いまも残る「ふいご祭」（一一月八日）は、鍛冶職人たちの火や鉄に感謝する祭りで、かつて日本のどこにでもあった。彼らにとって「ふいご（たたら）」がいかに大事であったかをそれは示している。

「じだんだ」は、地を踏みならす動作だが、たんなる悔しがるという以上に、地を叩く行為が地中の何物かに必死に訴えなければすまないような怒りのように思える。そのことを考えると「じだんだ」ではなく「ぢだんだ」と表記するほうが正しいように思える。

実直《じっちょく》

まじめでウソ偽りのない人柄をさすが、使われることの少なくなったことばのひとつだろう。というのも、実直ということばの背景を支えていたのは、おそらく高度経済成長以前の社会構造であったからだと思うが、どうだろう。この時代の社会的約束ごとのひとつが、暗黙のうちにお互いをお互いが信頼するということで成り立っていたということ。もちろん、人を騙したり、インチキな商品を作ったり、売ったりしていた人間はいたのだが、実直であることが当たり前であった時代が確かにあったのである。そういう時代の空気というものがたしかに薄らいでいることを、わたしたちはそこはかとなく感じ始めている。これを称して、時代が変わったというのであろうが、まだまだ世の中捨てたものではないということをときおり経験することもある。

東京には、あるいは古いまちには、昔ながらの商売を続けている店が並んだ商店街がある。多くはアーケードなどはなく、間口が一間か二間、奥行き二、三間の小体《こてい》な店である。たいていは家族経営である。夫婦か親子がいつも店に立っている。接客のマニュアルなんてものはない。かといって素っ気ないわけではないし、反対にまとわりつくようなところもない、適度の距離感がそこにはある。こうした店では、わざわざ実直なんてことを思わせる素振りはしない。ただひたすら日々の糧のために、まじめに働いている人たちがそこにはいる。

渋皮のむけた

渋皮とは、木や果実の外皮の内側にある薄い皮のことで甘皮ともいう。この渋皮をむくと、美しくみずみずしい木肌や果実が現れる。このことを指してあかぬけた美しい女性のことを「渋皮のむけた」女といった。

圓生師匠の「三十石」という長い落語の中で、旅をする二人のうちの一人が、「渋皮のむけた女がいると、すぐ中食《ちゅうじき》を使いたがる」というセリフが出てくる（中食とは昼食のことである）。宿場に入って、「渋皮のむけた」女に、「ぜひお寄りください」と声をかけられると、ついフラフラと立ち寄り、「いつかは三度も中食を使って苦しかったのなんの」ということになったという話である。それほど魅力的な女性だったということである。鈴木清順監督の名作「ゆんかえれじい」（一九六六年、原作者は児童文学者の鈴木隆）の後半に北一輝が出てくるが、主人公と北が出会う喫茶店には美しい女性（松尾嘉代）がおり、主人公は思わず「渋皮のむけた・・・」ともらすシーンがある。

「渋皮のむけた」とは即物的な表現だが、その意味を知れば、まことにぴったりという気がしてくる。しかし、このことばは現代人には使いにくいだろう。それというのも、女性の美しさを表現することばは数多くあり、年代に応じた表現もあるので、わざわざ「渋皮のむけた」ということを援用しなくてもすむからである。

しゃちこばる

このことばは、漢字で表わすとすぐに分かる。すなわち「鯱張《しゃちほこ》る」である。鯱とは、天守閣の上でにらみあっている想像上の海獣である。したがって、あの鯱のようにいかめしくかしこまっている、という意味である。かつては、「しゃちほこばる」と読んだが、いつの間にか「しゃちこばる」となったらしい。ただし、会話の中では「しゃちこばる」とはいいにくく「しゃっちょこばる」といったほうがことばのニュアンスを伝えやすい。

事実、「しゃちこばる」姿はユーモラスなところから、滑稽な文脈で使われると、「しゃっちょこばる」になっていったものと思われる。落語では、よく「しゃっちょこばる」が出てくるが、江戸っ子にとってはこっちのほうがいいやすいだろう。伝法なものいいにはぴったりだからだ。ともあれ、鯱が大きな目をむいてかしこまっている姿はおかしなものである。

ましてや人間がそういう格好で、どんな場面にしろいるというのは、端から見ればユーモラスである。そういうことを考えていると、誰がこのことばを生み出したのかは知らないが、卓抜したイメージを喚起する点において秀逸である。このことば、江戸時代の「花鳥風月」という人情本に用例がある、古いものであるが、国語学的にも「名詞＋動詞」という用法が何やら現代にも通じるように思える。

朱夏《しゅか》

夏は、すべての生命が爆発する季節である。そういうところから中国の古代人は、夏に朱の字をあてた。朱は生の色であり、不死の色とも考えられていた（『常用字解』）というのもなるほどと思わせる。このことばは単独では、日常的にはほとんど使われない。「青春・朱夏・白秋・幻冬」というようにパッケージで使われることはあっても、それだけでは使いにくい（白秋・幻冬も同様である）。

そして、朱という色も今日ではあまり日常的ではない。朱といえば、朱肉であり、神社仏閣の朱を思い起こすぐらいが関の山だろう。そうだ、それに書道にも朱が使われていた。ことほど左様に、生の色＝朱が現代の生活から離れてしまったのは、時代がはるかに過ぎてしまったからにほかならないといえるのだろうか。

しかし、夏がとてつもなく暑く、暑ければ暑いほど生命が漲《みなぎ》るということは、さほど昔と変わらないだろう。都会では、やたら暑さばかりが市民を襲う感じだが、田舎では必ずしもそうではない。暑さの中で稲は実り、野菜は生長する。同時に草は伸び、虫も活発に蠢《うごめ》く。

ところで、田舎でも道はほとんどアスファルトで舗装されているので、夏の道が白くなるということはない。かつての未舗装の土の道は、夏になるとカラカラに乾いて、白っぽくなった。真夏の太陽の光が白くなり、景色全体が白くなった。白日ということばがあるように、かつて夏は白かったと思う。長じて、夏を朱夏ということを知ったが、朱がさらに燃えていくと、おそらく白になるのかもしれない。炎も高温になると、ほとんど白になるではないか。

如才（ない）

正しくは、「如在」と書く。手ぬかり、遺漏《いろう》、手落ちの意味だが、現在では「如才ない人」というように、「用意万端《ばんたん》怠りのない人」「気くばりのきく人」という意味に使われている。しかし、話の前後によっては、①手ぬかりのない、抜け目のない人、の意味だったり、②手落ちなく安心して任せられる人、落ち着いて相対せる人、のようにニュアンスが異なって使われることがある。すなわち、軽くけなす意味になったり、褒めるのにも使われる便利なことばである。日常的なコミュニケーションの際、かつては相手の評価によく使われ、ほとんどは褒めことばだった。相手の仕事上の技量・レベルのことを指しているのではなく、気くばりのうまさ、破綻のなさを指していた。

つまり、その人の人間性のある面の評価をする際に使われていた。「如才のない人」とは一応は褒めことばなのであるが、褒められる当人にとっては、四六時中気くばりのため気が休まらず、傍目には気の毒に思うが、どうだろうか。気くばりの固まりのような人をもしそういうのだとしたら、褒めことばもうれしくないだろう。

身土不二《しんどふじ》（あるいは、ふに）

反グローバリズムを体現したことばで、グローバリズムが唱えられ始めたころからさかんにいわれるようになった。身とは身体のことであり、土は土であるが、このふたつは不二（不可分）であるという思想。平たくいえば、人間の身体をつくるには、生まれた土地の土からできたものを食べていれば健康でいられるというもの。これと似たような表現に、住んでいるところの一里四方でつくられたものを食べていれば健康でいられるという考えも日本には古くからある。

身土不二がいわれるようになった背景には、日本の食糧自給率の急激な落ち込みや農業に化学肥料と農薬が多投されていることから派生する健康被害への懸念がある。自給率低落の最大の原因は、農業を軽視しつづけてきたことと欧米型食生活が日本の伝統的食生活を駆逐《くちく》してしまったことであるが、先進国でカロリー換算にして自給率が四〇%ギリギリというのは日本だけである。ナショナリストならずとも、この惨憺たる現状に怒りがわき上がるだろう。すなわち食糧輸入大国日本は、すでにして欧米から侵略されているも同然なのである。ことにアメリカからの輸入は、全金額の三〇~四〇%という高率である。

歴史を少し振り返れば、われわれは欧米型食生活を無理矢理押し込まれていったことが分かる。戦後民主主義と一緒に入ってきたのである。パン食は善であったのである。脱脂粉乳《だっしふんにゅう》のミルクであっても、貧弱な食生活になにほどかの潤いをもたらしたことも事実である。そして、欧米人に並ぶ体力をもつ若者がその後育っていったのもそうだろう。

しかし、それは「近代化」の名のもとに、ほとんど疑問も呈されることなく、推進されていった。ことに農法の「近代化」はその最たるものであった。そのいきついた結果が、機械化と化学化であった。すなわち、年に数日しか使わない農業機械による機械化貧乏であり、化学肥料、農薬の多投に象徴される省力化の果ての地力の衰退であった。

こうした農業の「近代化」の破綻の中で唱えられていったのが「身土不二」であった。

甚六《じんろく》

かつては、自分の長男のことを謙遜《けんそん》して「総領の甚六」ということがよくいわれていた。甚六とは、ぼーっとしたとか、お人よしとかいう意味で、語源ははっきりしない。マンガの「サザエさん」の隣家の伊佐坂先生の長男が甚六さんである。しかし、この甚六さんはお人よしそうだが、「サザエさん」にはバカにしたようなニュアンスはない。

昨今はどうか知らないが、かつては長男は跡取りということで、裕福な家では乳母日傘《おんばひがさ》で育てられた。乳母日傘とは、乳母が日傘をさして子守りをする姿をいったもので、大事に育てられることをいうが、そのために、のほほんと育ち、あまり人を疑うことを知らない人物が多かったところから、「総領の甚六」といういい方はよくいわれていた。

すかんぴん

このことばは、漢字で書くと分かりやすい。素寒貧である。いかにも寒々とした貧乏なさまを体現している。この「素」とは、まったくのとか、本当のとかの意味があり、寒貧を強調することばである。したがって「すかんぴん」とは文字どおり何もないことなのである。何もないとはいえ、その状態は現在では想像できないだろう。

藤沢周平の『用心棒日月抄』シリーズの浪人・青江又三郎は、ゆえあって浪人をしているので、いつもおカネがない。あるとき米櫃《こめびつ》を覗いて、「粥《かゆ》にして三日」とつぶやくところがある。粥に薄くのばしてもせいぜい三日分、というのがこのつぶやきの本意で、このほかには何もない。副食とは？　と聞くだけヤボで、あと三日は何とか口に入るものがあるというすさまじい素寒貧状態なのである。

また、落語には、素寒貧の若旦那がよく出てくる。たいていは、遊び過ぎて、実家から勘当され、しばらくお店の出入りの仕事師の頭の家に厄介になったり、友人の家に居候しているうちは何とか米の飯にありついていたものの、そのうちどこからも相手にされなくなるという話は多い。

その代表的な噺が「唐茄子《とうなす》屋政談」であろう。どこからも相手にされなくなった若旦那が、いっそのこと大川に身投げしようとしたところをおじさんに助けられ、見事に立ち直るという噺である。若旦那は、三日間何も食わずにおり、雨にうたれたため着ているものもボロボロといった有様。このような素寒貧が果たして実際にあったかどうかは分からないが、自嘲《じちょうてき》的にはたぶんよく使われたことばかもしれない

青春

『常用字解』によれば、青の上部は、生のことで、下部は丹《に》を採取する井戸の形であるという。さらに、生は草の生え出る形であるという。つまり、ものみな生まれる春の色は青であるということを、古くから中国でいい習わしてきたものをそのままわが祖先は受け継いだものだ。

ともあれ、青春ということばが最後に輝いていたのは、六〇年代から七〇年代にかけてである。あたかも若者は、みずからの特権であるかのように青春を大いに意識し、それを謳歌《おうか》したのであった。だからこそ団塊の世代は、「青春」と聞くと、こころなしか胸が疼《うず》くのである。いまの若者

には、そんなことはまったく理解できないし、青春ということばすら恥ずかしくて口にできないのが今日このごろである。

なぜ青春ということばが急速に色あせてしまったのだろうか。その答えを的確に指摘するのは至難である。ところで、文藝評論家の三浦雅士は『青春の終焉』（講談社、二〇〇一年）という評論を書いている。明治から大正にかけての文学のキイワードが「青春」ということばであったことを明快にプレゼンテーションしたものだった。明治から大正にかけては、日本という国じしんが近代国家になっていく過程であり、青春の国家であったということと無縁ではない。つまり、社会全体が若かった、ということだろう。

ところが二〇世紀末を迎えるころ、「青春」は手あかのついた・力のないことばになりつつあった。もしかすると、それは、日本という国家・社会が老成していきつつあるということかもしれない。二〇〇四年九月、五木寛之原作の『青春の門』がマンガになった。果たしてこのマンガが多くの読者を獲得したかは分からないが、青春ということばが一時的に復権したことは確かである。

復権したといえば、「純愛」ということばもそうである。韓国テレビドラマ「冬のソナタ」が二〇〇四年春から夏にかけて爆発的に中高年女性の間でヒットしたが、「純愛」なんてことばはほぼ大衆の間で忘れられかけていただけに、マスコミはこの現象にびっくりしたのである。こればかりではなく片山恭一作『世界の中心で、愛をさけぶ』という純愛小説も二〇〇万部以上も売れたという。

純愛ということばが復権したように、青春ということばもそうなるかは分からないが、このままいったら、現今の若者たちの時間を何といったらいいのかと考えている。何もことばがないということは、若者たちの時間がどこかうつろであるということなのかもしれない。

清貧《せいひん》

バブル経済がはじけたころ、もてはやされたのが清貧の思想だった。バブル経済華やかなりしころは、誰もそんなことをいう人はいなかった。まことにタイムリーな話題のされ方だったが、少なからぬ人が「ちょっとネ」と感じたはずだ。つまり功利的なニオイを感じなくもない話題であったからだ。あるいは、大きなお世話と思ったかもしれない。

松山善三の作品に「名もなく貧しく美しく」（一九六一年）という映画があった。貧しさがやや過去のことになりつつあったころの映画で話題になったが、この映画はもはや貧しさを客観的に見られるようになったころの作品であったために、大衆の間に受け入れられていった。貧しいときに貧しさをテーマにした映画など見たくない、というのも人情であるからだ。

ところで、この映画が公開されてしばらくのころであったと思うが、「貧しくては美しくなれない」という感想を書いた人があって、妙に印象に残っている。「なるほど、そういわれれば、そうだ」とそのとき思ったように、映画の内容とは別に、このタイトルは倫理的な教訓を押しつけるかのような印象を与えたことはあったと思う。だから、さきの「貧しくては、美しくなれない」という健全な反発が出てきたのにホッとしたことを覚えている。

同様に、バブル経済崩壊のあとに清貧の思想とはいささかできすぎとは思うものの、そもそも清貧の生活を送っている人は、わざわざ思想として他人に勧めたりはしない。清貧に押しつけは似合わない。

ともあれ、年をとってくると、余分なものを排除して身軽になるのはいいことである。日々、広告戦略の名のもとに新商品がつぎつぎと市場に送り込まれている中で、何も買わないのはそれほど難しいことではない。ただひとつ、覚悟さえあれば十分である。

草莽《そうもう》

もともとの意味は草むらのことで、転じて在野の人を指す。戦前まではよく使われたが、使う人がよくなかった。たいていは、国家主義者が好んで使ったことにより、戦後では忌み嫌われてしまった。

「草莽崛起《くっき》」とは吉田松陰が幕末に際し、大衆の決起を促したことばとして有名だが、幕末維新の主体を処士（草莽の人、大衆）においたのは卓見であった。しかし、明治維新は変革を願う大衆的エネルギーを背景にしたが、必ずしも結果はそうならなかった。

六〇年代を学生として過ごした人ならば、村上一郎という文学者のことをよく知っているだろうが、彼はよくみずからのことを「草莽の文人」と名のったらしい。この際の草莽の文人とは、権力から遠く、したがってアカデミーからも遠く、また、マスコミからも遠く、一人孤立を恐れず学藝に親しむ人という意味である。世評はどうあろうと、恃むはおのれ一人とごく少数の支持者だけである。少数であるからといって、小さなサークルの中で有頂天になるのは草莽の人のとる態度ではない。かといってエキセントリックな人を意味しない。

はて、現代でこのような人がいるかと考えると、すぐに思い当たらない。種村季弘、草森紳一、吉本隆明らがそうかもしれない。池内紀、石牟礼道子らもそうかもしれないが、彼らはみずからをそう名のらない。

忖度《そんたく》する

「忖」も「度」もはかるという意味で、人の気持ちを察するということになる。今日では、なかなか使わなくなったことばで、日常的には死語化しつつあるといってもいいだろう。そもそものことばは、日常の会話では使いにくく、もっぱら文章語として流通していたため、死語化のピッチが早まったのかもしれない。

それよりも何よりも、このことばは、やさしいことを難しくいったことばであるため、日常語として流通しにくかったのである。その憂き目に遭っているのはほとんどが漢語で、和語に置き換えられるものは、つぎつぎと変換させられている。

しかし、このことばの持っている意味はなかなかに深いものがある。人の気持ちを察したり、推し量《はか》ったりするという行為自体薄れつつあるからである。これと似たニュアンスで、人の気持ちを気にするというのがあるが、これとは気持ちの持ちようがまったくといっていいほどちがう。前者には、相手への尊敬の念がもともとあるが、後者には、相手へのいささかの恐れに似た感情が根っこにあるからである。

人の気持ちを察したり、推し量るのは、相手の気持ちに沿おうとすることである。あるいは、沿おうと考えるということである。ところが、相手の気持ちになったり、沿うことはやさしいようで難しいものである。アタマでは、いつもそう念じていても、いざというときにはなかなかそうもいかない。

それでも、わたしたちの日々の暮らしの中に、人の気持ちを忖度するという心構えがあまねくあれば、日常の細かなトラブルは防げるだろう。近ごろ、とかくいわれていることだが、自己チューの人が増えてきている。こういう人に、忖度する心というのを考えてもらうのはなかなか難しいことである。しかし、やはり、人の気持ちを察したり、推し量ることは日々の暮らしをできるだけ快適に過ごすために必須のことだと思う。

ちなみに、斟酌《しんしゃく》するということばも同じように使われている。

【タ行】

ためつすがめつ

このことばは、漢字だとより分かりやすい。「ため」はためる、つまり、矯《た》めるで、ねらいをつけるである。「すがめ」は、眇《すが》めるで、片目を細めたりつぶったりすることである。語源は「ためつすがめつ」で「片目を細めたり、つぶったりしてよく見る」という意味となった。語源は「ためる」

「すがめる」という動詞に、完了の助動詞「つ」がついたものである。

しかし、慌ただしい日常の中では、「ためつすがめつ」しているひまはほとんどないだろうが、骨董《こっとう》を見ている姿はまさにこの感じである。ことに刀剣はそうだ。

ところで、「ためつすがめつ」しながら、一体、われわれは何を見ているのだろうか。骨董であれば、真贋《しんがん》の是非が主要な眼目になるだろうが、目利きでない人間がいくら「ためつすがめつ」しても、結局は何も分かりはしない。「ためつすがめつ」してもサマになるのは、修業を積んだ目利きだろう。どうしたら目利きになれるかは難しいことで、修業を積めば誰にでもなれるというものでもない。

目利きのことを皮肉った落語に「はてなの茶碗」というのがある。目利きが、茶店でなんでもない清水焼の茶碗から、どこからともなく水が漏るのに「はてな?」と思案したところから、後に高価な茶碗となるという噺だが、茶店でこの茶碗を眺めている姿は、まさに「ためつすがめつ」というところであった。

啖呵《たんか》を切る

『常用字解』によると、「啖」とは「くらう」、「呵」は「せめる、叱る」という意味だという。『広辞苑』では「弾呵」の転訛という。いずれにしても、「啖呵」とは江戸っ子が勢いよくまくし立てることをいったが、ことばのやり取りが激しく喧嘩《けんか》ごしに聞こえたり、実際そのようなときのいい方なのである。

したがって「啖呵を切る」とは、「絶対まちがいない、自分のほうが正しい」と断定するというニュアンスがあり、あとで「しまった」と嘆く江戸っ子も少なくなかった。つまり、そそっかしさがその背景にある。よくよく考えて「啖呵を切る」のではなく、勢いで、はずみで、という場合がほとんどである。したがってモノのいい方が伝法になるのは必然であった。ズバズバ、ポンポンとリズミカルないい方がその真骨頂であるといっていい。場合によっては、相手に反論のスキを与えないほどの迫力がなくてはならない。

このようないい方は、一朝一夕にできあがるものではなく、日常の中に「啖呵」を生み出すような素地がなくては出てくるものではない。いまはそのような環境の下にある人も少なくなったことだろう。落語の「花色木綿」の中に、滞った家賃のカタに大工の道具箱を取られてしまった弟分のために兄貴分が業突《ごうつく》張りな大家に対して、「啖呵を切る」場面が出てくる。一気にまくしたてるさまは、聞いていていても気持ちがいい。

現在では、「啖呵を切る」のは、芝居や映画、時代劇の中にしかないが、「啖呵」の流れを汲んだものに、啖呵売《ばい》がある。縁日の香具師の口上である。フーテンの寅さんが、縁日で商品を売るために語る口上がそうである。この啖呵売をやる人も年々少なくなり、いまではひとつの藝として劇場で演じられることもある。

丹精《たんせい》（誠）

『常用字解』によれば、「丹」は、「あか」であり、転じて「真心」の意味。「誠」は「まこと、まごころ」「精」は「こころ、たましい」。「丹精（誠）」で「まごころ、まごころをこめて何かをする」となった。用例としては、現代では「丹精をこめた仕事」「丹精を凝らした作品」というように使われる例が多い。

現代では、同じ意味の「まごころ」が使われているが、このまま「丹精（誠）」はなくなってしまうのだろうか。いまのところ形勢は不利である。というのも、時代とともに「丹精（誠）」ということばの主体であったモノづくりにいそしむ層がいままさに消えようとしているからだ。最も分かりやすい例が職人仕事だろう。それはたんに手工業品を作る人たちだけでなく、機械による製品づくりをする人びともそれに含まれる。「丹精（誠）」をこめた仕事とは、例えば次のようなことだ。

「こうしてできるネジに、個性なんて現れようがないですよね」

すると酒徳さんは、とんでもないと手を振った。

「それが、よく現われるんです。腕のいい人は段取り替えが早くて正確とか、不良を発見するのが早いとかだけではない。不良でこそないけれど、ちょっと仕上がりが悪いというようなときに、差が出ますね。〝まあいいだろう〟って作った男のネジと、〝こんなもの納めたら恥ずかしい〟という男のネジでは、ネジの仕上がりがちがう。やはり、恥だと思う男の作ったネジは、美しいんですよ」（『ものづくりに生きる』小関智弘、岩波ジュニア新書、一九八九年）

つまり、「丹精（誠）」な仕事の倫理の背景には、〝恥〟という観念があった。こういう仕事では恥ずかしいと考え、そうでないためにひたすら努力する意気込みがかつては多くの人たちのものであった。その精神が失われているということは、とりもなおさず、仕事への誇りが失われているということではないだろうか。丹精（誠）ということばが消えようとしているということは、つまり、そういうことなのだ。

ところで、丹精は丹誠と同じと、辞書に書かれているが、この両語どちらが古いのか、あるいは本当に同じ意味なのか、詳しくは分からない。しかし、広辞苑には、丹誠は「丹心　赤誠《せきせい》」が原義らしく書かれている。これだと、丹誠（精）の意味はよく分かる。つまり、丹心は、赤い心、すなわち心に偽りがないことであり、赤誠もほぼ同様である。

しかし、なぜ丹（赤）が右のような意味をもったのかである。考えられることのひとつは、赤は太陽（火）を意味していることから、「絶対」的なイメージが付与されてきたからではないかと思う。つまり、丹精とは、「心をこめて」「ウソ偽りのない」という語義になるのである。

これでやっと、丹精の意味が分かったが、昨今、丹精ということばを使えるような仕事にはお目にかからなくなった。丹精はやはり、「丹精をこめた」仕事に使いたい。すなわちそれは、職人仕事だ。とはいうものの、職人仕事がほとんど死滅しかかっている昨今、ないものねだりとは思うものの、ひと言触れずにはいられない。

安田武という文筆家がいた。学徒出陣世代で、彼のことを知るのは、五〇歳代後半以上の人だろう。彼は、わだつみ会の理事をやっていた人だったが、伝統芸能や職人仕事について示唆に富むエッセーを多く残している。

何よりも丹念で手を抜かない、頑固《がんこ》に古法を守って、新しい化学処理など一顧だにしなかった生前の柿沢（琴づくりの職人、柿沢真泉のこと＝引用者）の律儀で厳しい仕事ぶりそのものに、職人「気質」を見るのである。（『型の文化再興』安田武、筑摩書房、一九七四年）

この引用文の場合、琴づくりの職人は、注文主のことを気に入ると、損得を抜きに仕事をしてしまうということが全体の論旨であったが、その心根の底には、丹精という気持ちがあったのである。

短兵急《たんぺいきゅう》（に）

短兵とは、短い兵器のことで、刀剣を指す場合と、ふつうの槍を長兵というのに対して短い槍、つまり手槍のことをいう場合がある。いずれにしても大部隊を駆使して戦うのではなく、少人数で奇襲する戦法のことから生まれたもので、転じて「やにわに、いきなり、急に」などの意味になったもの。このことばは、中世の軍記物にすでに出ているほど古い。しかし、昨今では、ことばの意味は知っていても、実際に使える人はほとんどいないのかもしれない。

落語の「唐茄子屋政談」の中にこのことばが出てくる。おじさんに助けられた放蕩息子の甥が、再起のために棒手振《ぼてふり》となって天秤棒《てんびんぼう》を担ごうとするがうまく担げない。「そうじゃない、こう担ぐんだよ」とおじさんが手本を見せるが、荷は重い唐茄子でなかなか上がらない。そのいい訳におじさんは、「オレだって、そう短兵急にいくか！」と啖呵を切るシーンがある。この場合、「だしぬけに」とか「いきなり」でもいいのだが、場を考えると「短兵急に」といういい方がぴったりする。それだけ時間的に「だしぬけ」「いきなり」よりも急迫している感じがこのことばにはある。

ちゃきちゃき

『俚言集覧』には、「嫡嫡《ちゃくちゃく》の音なり」とある。嫡とは、本妻、正妻のことで、嫡子といえば本妻・正妻の生んだ子ということで跡継ぎのこと。嫡嫡と重なれば、正統のとか、混じりっ気のない、生粋のといったような意味合いが強くなる。この嫡嫡がなまったのが「ちゃきちゃき」である。

このことばは「ちゃきちゃきの江戸っ子」というように江戸っ子の枕詞のように使われているが、上方でも同じ意味で使われている。しかし、「ちゃきちゃき」は江戸っ子とセットで使われる例しかないようで、意外と広がりがない。もともと、生まれとか血筋、家筋と深い関わりのあったことばであることからそれ以外に広がらなかったのかもしれない。

しかし、何を基準にして「ちゃきちゃき」といったのだろうか。江戸っ子は三代続いて、といわれるが、いまではそんなことは少しもありがたくなく、「ちゃきちゃき」の尊敬される根拠が喪失しつつある現在、広がりを持たないのもなるほどと思わせる。どだい、血筋・家筋なんてことが意味を持たなくなりつつあるので仕方ないことだろう。

手鍋下げても

好きな男と一緒になれるのであれば、貧乏なんかいとわないという、女性が発した古くからのいい方。手鍋とは、手取り鍋のことで、つるのついた鉄鍋を指す。かつての炊事用具の象徴は、鍋と釜である。その鍋を下げて、すぐにでもあなたの所へいきたい、というのがこのいい方の真情であり、女性からの究極の愛の表現なのである。

もともとは、日々の炊事の苦労なんかいとわないという意味であった。そして、このいい方は、文章上のいい方であったと思える。具体的な会話の中で、このようなまわりくどいいい方は、どうもそぐわないと思えるからだ。

この女性の積極性を今日のわたしたちはどう評価すればいいのだろう。江戸の娘たちは、もしかしたら今日の娘たちより伴侶を得るのに果敢であったのかもしれない。江戸時代は、女性たちのほうが少なく、男があぶれる状態であったことは周知のことであったが、こんな中でも娘たちは「手鍋下げても」と思いこんで行動したのである。

そこには選ばれるよりも選んでいきたいという娘たちの心意気が感じられるし、娘たちの置かれていた立場は、わたしたちが思い描いていたほど窮屈ではなかったことがうかがわれる。家や格式を重んじる風習は武家社会のものであったが、明治以降、町人層がそれを見倣ったことにより、あまねくそれが広がっていったという歴史的事実がある。こんな中で娘たちが自由に伴侶を選んでいったことがあったことをこのことばは明らかにしている。江戸の娘たちの心意気やよし、と感じられることばである。

でんぼう（でんぽう）

現在の意味で使われるようになったルーツは、浅草の浅草寺境内にある伝法院《でんぽう》の下働きの男たちが寺の威光を笠に、無理矢理境内の見せ物や芝居をタダで見たことから、タダ見の意味に使われたからというのが有力らしい。後にこの所業や振る舞いの荒々しさが転じて、遠慮のないいいい方をすることを指すようになった。漢字では、伝法と書く。

たしかにことばのルーツは、忌避されるようなものであったが、昨今では伝法なものいいは否定的ではない。慇懃無礼《いんぎんぶれい》ないい方の反対語として、むしろ好印象を与える場合もある。伝法なものいいの真骨頂は、荒っぽいがポンポンとたたみかけるように話していくその軽快なリズムである。かつての江戸の町人、ことに職人たちの話し方がそうである。

なぜこのような話し方になったのかは、おそらく見知った町人同士であるならば、回りくどくいう必要がなく、つまり建前と本音を分ける必要がなかったからであろう。ことばのやり取りの中に駆け引きがないため、そしてお互いの間に身分的隔たりがないため、遠慮のないものいいになったのだろう。

とつおいつ

もともとは「取りつ置きつ」であったが、それが「取っつ置きつ」に変化し、江戸ことば「とつおいつ」になったもの。意味は「取ったり置いたり」で、どうしようかと迷っている状況に使われる。つまり、「とつおいつ考えている……」というように。

このことばも、生まれる状況がはっきりしていて分かりやすいし、迷っているという状況がよく表われている。迷っているといっても、あれこれいろいろと、というのではなく、あれかこれかの二者択一の迷いであり、その時間は長考するというより、ホンのわずかの時間迷っているというニュアンスがある。いまでいえば「どうしようか?」と考えている状況と似たようなものであろうか。

【ハ行】

敗者復活

昨今は、勝ち組・負け組というように、ビジネスシーンではことさらのように勝敗を際立たせることばが躍っている。あたかも敗者は、この上ない恥辱を受け、世の中から退場していかなくてはいけないかのような評価を受ける。このことばの前に、多くの人は恐れ、おののき、敗者＝負け組になることは、一切を失うかのごとく打ちふるえている。しかし、これでいいのか！

かつては、甲子園の高校野球にも敗者復活戦というものがあった。準決勝で負けたチームが、決勝の前に、三位決定戦というのをやるものだった。こうした仕組みをつくった人は、せっかく準決勝までやったのだから、三位になれるような仕組みをつくろうとしたのかもしれない。しかし、いまでもほかのスポーツでこうした制度があるのは、それなりの理由があるからだが、野球の場合は、オリンピックを除いて三位というのは意味がない。高校野球は、そんなわけで敗者復活戦はなくなった。

しかし、われわれの実人生で敗者復活のない社会は息苦しいし、現実的ではないだろう。昨今では、ひとたびの勝利は永遠の勝利を保証しないし、敗者が永遠にその地位にいるというのも社会的活力を後退させる。

作家の色川武大のエッセーに「人生八勝七敗説」というものがある。そう、相撲の星取りの八勝七敗である。八勝七敗、つまり勝ち越しである。大相撲をよく見ていると、これがなかなか難しい。ましてや二ケタの白星なんていうのは、なかなかできるものではない。全勝優勝なんていうのは、ごくごく限られた人間にしかできない。色川は、人生も同じだというわけである。ひょっとすると、世の中の大多数の人は、負け越しかもしれないのだ。

色川が若者にいいたかったのは、そうそう勝ちばかりでも、負けばかりでもない、勝っておごらず負けてくさらず、人生を全うせよということだったから、昨今の勝ち組・負け組を際立たせる風潮は許せないことだろう。色川の掲げている勝敗ということの意味は、あくまでも例えであり、その勝敗を決めるのは、その人じしんであるということだ。昨今の勝ち組・負け組のように、他人がとやかくいうべきことではなかったのだ。

白秋

『常用字解』によると、白は「白骨化した頭蓋骨の形。風雨にさらされて肉が落ち、白骨になったされこうべの形」であるという。秋に白があてられたのも、「風雨にさらされ」るという季節的事情を物語ったものだろう。あれほど実りに満ちあふれた田野《でんや》には、実りの影はなくなり、無残ともいえる姿をさらけだす。おそらくその光景を指して、白秋といったにちがいない。

ところが、実際の秋はといえば、実りの季節である。夏に生長した農産物を収穫する季節である。古代人が秋にあてた白とは、かなりちがうのが今日である。古代人は、採り入れ後のことを秋といったのかもしれない、と考えれば、白秋の意味はよく分かる。

花ぐもり

花とは桜のことである。東京では桜の咲くころ、温気《うんき》が増し、くもりがちの日が多い。このことを「花ぐもり」といった。桜が咲くのは、三月下旬から四月初めが平年のことである。このころは意外と天候が不順である。ことに夜は、春とは名ばかりの冷たい風が舞うことがある。

花が咲き、あったかくなったので出かけたくなるのは人情である。ところが、「花ぐもり」の空を見上げて、行こうか行くまいかと思案に迷うのがこうした天気のときである。このことばはそうした浮いた気分に水をさされるような感じをよく表している。

最近の東京では、春とはいえ喜んでばかりはいられないのは、例の花粉症の被害が年々広がっているからだ。花粉症の人にとっては、花の時期は冗談ではない季節で、うかうかと喜んでいられなくなったのは、何とも寂しいことだろう。いまのところ決定的な解決法がなさそうである。こんなことも考えなくてはいけなくなったのは、何とも空しいことではある。やはり春は、待ちに待ったといわれるものでありたい。かなうものであれば、「花ぐもり」ということばが、何のこだわりもなく使えることを願いたい。

ひとかどの

漢字で書くと、「一角・一廉」である。意味は「ひときわすぐれたこと」「それなりの」とか「誰しもが認める」という意味だが、語源探索のカギとなる「角」から探ってみると、『常用字解』では「角」は動物のツノのことで、「かどのあるもの」との解釈をしている。この解釈を敷衍《ふえん》していくと、一角とは「ひとつのツノを持つもの」であり、それが「かどある存在」と理解されるようだ。つまり、「ツノを持つ・かどある存在」であり、それが立派に映ることから冒頭のようになったらしい。なお、「廉」は「すみ」とも読むところから当てられたのかもしれない。

しかし、このことば、今日では死語に近いだろう。用例としては、「ひとかどの人物」「ひとかどの口をきく」というように使ったが、それなりの人物もそれなりの口をきける人も少なくなりつつあるからだ。

「ひとかど」を今日風に当てはめれば、自己の信念やアイデンティティーのしっかりした魅力的な人のことだろう。それは、肩書や地位からもたらされるものではなく、みずからの生き方に確固とした自信を持ち、清廉な生活を送る人のことをいうのかもしれない。そのような隠士《いんし》のような人は、おそらくありえないのが今日である。

日和《ひより》

今日では、晴れていいお天気の日の挨拶に「きょうは、いいお天気で」というが、かつては「きょうは、いいお日和りで」といった。一九五〇年代の映画では、しっかりこのことばが使われている。「きょうの日和りは……」というように。

語源は、日寄りであるが、いつの間にか、天候のことに使われるようになったという。そして、日和（り）という字が当てられた。

永井荷風の名随筆『日和下駄』は、お天気のときにはく下駄、つまり散歩用の下駄という意味だが、それが転じて、その日の天気次第で下駄をはいて出歩いたときの印象を書き綴った文章という意味がこめられている。

ところでお天気のとき以外、つまり雨のとき、昔は、どんな下駄をはいたかというと、高下駄という歯の高いもので、一〇センチから一五センチくらいのものをはいて出歩いた。高下駄は、あしだともいったが、そちらのいい方がよく使われていたように思える。しかし、昭和三〇年代には、あしだをはいている人は見かけたという記憶がない。商品として下駄屋さんにあったということは覚えているが、このころにはすでに、ゴム長靴があったので、雨の日にはこれをはいていたからだろう。

日和（り）は、お天気の次第を気にしたり、この先どうするかをうかがうことから、ことの成行きを見守るという意味で日和見《ひよりみ》ということばになり、どちらか有利なほう、強いほうにつくという意味で日和見主義ということばも生まれた。そして、それが学生ことばの「ひよる」になったのは、一九七〇年代の全共闘時代からではなかったろうか。この「ひよる」も学生運動が衰退するに従い、当時を知る人以外にはなんのことだか分からなくなってしまった。

無骨《ぶこつ》

ふつう無風流という意味で使われているが、最近は使う人もほとんどいなくなった。そもそもどういう契機で生まれたのかというと、骨という字には、「なり、ふり、がら」という意味があり、無骨というと、なり、ふりがない、つまり、いま風にいえば「きまっていない」ことになる。

しかし、このことばの意味はふつう、大変旗色が悪く、無風流という意味で使われている。だがそもそも風流であるということが今日では胡散臭いのである。いまどき風流人を気取るのはスノッブ以外の何者でもない。したがって無骨と風流は、ともに反語的に成り立っている。どちらに肩入れしたくなるかというと、無骨である。その理由は、風流人というのはおそらく絶滅してしまっているのではないか、と思っているからである。今日、風流ということも風流人も存在しえなくなっているということが、最大の理由である。

以下に述べることは珍説と思われたい。

すなわち、風流のありえない今日、反対に無骨が浮かび上がってきたのではないか、ということである。反語なのだから、片方がなくなればもう片方も消滅してもいいと思うのだが、そうはさせじという魂胆もあっていい。ということで無骨に肩入れである。

無骨は素朴である。まじめである。打算がない……と挙げていくと、果たしてこのような人間はいるのだろうか。いやいや、このような人間はいてほしい。そして無骨であることが許される。そういう社会がいい。

無頼《ぶらい》

もともとの意味で使われることは、ほとんどなくなったが、肯定的な意味で使われた「無頼派」のイメージがいまも残っている。「無頼派」とは、戦後の文壇の中に誕生したもので荒廃と混乱の世相を斜に構えていた姿勢からこう呼ばれた。石川淳、坂口安吾、太宰治、織田作之助らが「無頼派」の作家といわれたが、いまから考えるとひとくくりにするのが多少無理なところがなくはない。というのも、こうしたマスコミ受けをねらったとも思えるネーミングには、多少の無理も承知でというところがいつの世にもあるからだ。

しかしそれはともあれ、無頼という姿勢はいまも生きているのだろうか。無頼はニヒリズムの香りを若干漂わせつつ、反権力・反俗の姿勢をいつも保っていなくてはならない少数派である。とはいうものの、昨今では、無頼を表立って標榜するのはいささか面映いし、粋ではない。無頼派は、みずから無頼を名のらない。それが美学であり、生き方である。そして少数派であることを誇りにもしなければ、少しも嘆くことはない。恬淡《てんたん》と生き、静かに死んでいく。もとより財はなく、美田もない。

さて、このような人間がいるのだろうか。自問してみると、答えにつまる。無頼派の生き方は、おそらく青年時代に潰《つい》えた志を秘めて生きようとする人間の生き方なのである。志は燠《おき》のようにくすぶっている。それを持ち続けるのは厄介ではあるが、決して捨てようとはしないし、声高にそれを他人に語ろうとはしない。

しかし、どうみても無頼とはいま風ではない。時代から取り残された、みようによってはかなりうっとうしい生き方である。それでも、どこかに無頼に生きようという男も女もいるにちがいない。それを信じたい。

風呂敷

近ごろ風呂敷を使っている光景を目にすることも少なくなった。国会のテレビ中継の際、やや後ろに控えた役人が書類を風呂敷に包む姿だったり、同じくテレビのＣＭで、お中元・お歳暮期に女優さんが、贈答品を風呂敷で包んで訪問する姿だったりくらいである。実際にはもっと使われているのだろうが、少なくともビジネスシーンでは見かけなくなったといっていいだろう。

風呂敷のルーツは江戸時代にあり、銭湯にいった際、脱いだ衣服を包んで入れておくために生まれたものである。以来、風呂敷はなんでも包める便利な生活用品として、日常の中に広まっていった。風呂敷は、書類も包めば、スイカ（スイカ包み）も一升瓶（瓶包み）も包んでしまう。ただし、いまではスイカや一升瓶の包み方は、多くの人が知っているというわけではない。

風呂敷の使い方で、現在ではまったく考えられないのは、大きな風呂敷で掛布団・敷布団を包み、部屋の鴨居《かもい》のあたりからぶら下げておくことで生活の空間を作ったことである。それが家族の人数分あったのだから、けだし壮観だったかもしれない。下級武士階級でもそうだったというから、貧しい庶民も同じような状態であったかもしれない。

さて、包み方だが、お使い包み、隠し包み、中包みにふたつ結び、右側を上にする祝儀用、その反対にすれば不祝儀用とある。この呼び名を聞いて、具体的にイメージできる人はどのくらいいるのだろうか。

へったくれ

語源はよく分からないといわれており、『大言海』では、バカ者のことを指す「へうたくれ」からきたもので、それは「瓢《ひょう》たくれ」のことで、飄然《ひょうぜん》としたという意味であるという。しかし、「へったくれ」は侮蔑《ぶべつ》したり、物の数に入らないといった強いニュアンスでののしるものであるが、「へうたくれ」が語源とすると、それはやや弱く聞こえる。ことばは使われているうちに転訛し、それとともにニュアンスも変わってくるので、これもそうかもしれない。

なお、「へったくれ」と同意のことばに「へちゃむくれ」「へちむくれ」があり、これは「へちまをむく」から出ているという。へちまとはつまらないことの例えであり、それをむくということは、つまらないことをするという意味になるようだ。しかし、『広辞苑』では「へちむくれ」は「へしむくれ」と同じであるとし、「へしむくれ」は「へし口をしてむくれている顔」のことだという。だんだん分からなくなってきてしまった。

べらぼう

落語の中では、「江戸っ子はべらぼうという棒を振りたがる」ということがよく出てくるように、江戸っ子は何かにつけて、人をののしるのにこれを使った。最近では、べらぼうが単独で使われることはめったになく、べらぼうな○○というように使われている。たとえば、べらぼうな値段とかべらぼうな量とかのように使われている。

語源は二説ある。『広辞苑』では、寛文（一六六一～七三）年間の見世物に由来するという。その見世物は、全身まっくろで頭はとがり、目は丸くて赤く、あごは猿のような老人だったという。この老人のことを「便乱坊《べらんぼう》」「可坊《べらぼう》」といったところから、人をののしったりするのにべらぼうとなったという。しかし、なぜこの老人が「便乱坊」あるいは「可坊」と呼ばれたのかなかなか探れないし、どうしてこのような老人が出現したのかはいまのところ不明である。

もう一説は落語の中に出てくるもので、穀物をつぶしたり、米粒をつぶして糊をつくる竹製の棒＝篦《へら》棒から由来し、穀つぶしという意味で使われたというものである。ただし「へらぼう」では力が入らないということで「べらぼう」となったと落語の中では説明している。

つまるところ、江戸っ子が多用したというからには江戸時代には、そのような人間がたくさんいたということかもしれないし、表現が単刀直入であった分、つまり、伝法ないい方が多かった分、摩擦が多かったのかもしれない。

いずれにしても、「べらぼう」単独で使われることは少なく、一番多いのが「べらぼうめ！」という、とんでもない、常識はずれの人間と出会ったときに使われる用例だろう。

盆栽

盆栽のルーツは諸説あるが、鎌倉末期の絵巻物「一遍上人絵伝」などに描かれているというからかなり古い。中国の盛唐の「章懐太子墓壁画」に盆景をささげ持つ図があることから、盆栽は日本独自のものでもなさそうである。

ものの本によると、盆栽の大きさは、高さ五四センチ（約一尺八寸）を理想とするが、これは床の間に置いて飾ることを前提にしたものだ。この前後の高さで、一二センチ（約四寸）の幅のものを中盆栽と呼び、盆栽の王道とされる。しかし、昨今では、住宅事情から、高さ一五～三九センチ（約五寸～一尺三寸）の小盆栽が主流だという。

ところで盆栽ということばはいつごろから使われだしたのだろう。盆栽が今日のようにさかんになるのは明治になってからのことであることをみると、そのころから一般化したのかもしれない。

盆栽についてのエピソードで有名なのは、明治一一年（一八七八）のパリ万国博覧会で盆栽が絶賛されたことだ。このパリ万博は、ヨーロッパにジャポニズムをたきつけた記念すべき万博であったが、盆栽も一役買ったのである。

当時のある新聞は、「最も珍しいのは、巨大な森林を鉢に入れてしまった盆栽である」と報じたという。五〇センチ前後の高さの鉢に、見事な森林（少し大げさだが）が目の前にあったら、初めて見た人は驚くだろう。

盆栽は人為的に自然を矯めることである。しかし、それをやり過ぎては盆栽の本道にもとる。あまり作為的でもまたダメなのである。自然に伸びようとする木をいかに自然な方向に誘導していくのかが盆栽の醍醐味であるという。ところが、それでもやはりそれは木の自然を奪うものであると反発する人もいる。

愛好家の間で、数百万円単位で取引される盆栽という芸当の中に、自然を意のままに繰り、ミニマム化していく思想の中に、今日の日本の産業の技術的優秀さの原形をみることはできるだろう。でも、なんでも小さくしていけばいいってものでもないと思うのだが……。技術はある時点からはドンドン先鋭化していき、そのうち歯止めがかからなくなるという危惧がある。

【マ行】

幕の内弁当

幕の内弁当は、芝居の幕間に食べる弁当のことだが、江戸時代がルーツである。誰がこれを考えだしたのか知らないが、つくづくよくできているデザインである。

今日のものは、まず見た目に美しい。ごはんとおカズが大体二対三の割合になっていて、ごはんの中央には梅干し、おカズは焼き魚（シャケ）、タマゴ焼き、カマボコ、焼き鳥、コロッケ、煮物としては、ガンモドキ・野菜・ヒジキ、豆類としてはウズラ豆かウグイス豆、漬物、といったところが定番である。

バリエーションとしては、地域・季節によって、それこそ千差万別あるだろう。それに、栄養のデザイン、味のデザインもバランスがよくできている。

ところで、幕の内弁当の定義というのはあるのだろうか。おそらく、ごはんと副菜を二対三の割合にすることや小さな仕切りを五〜六カ所つくり、焼き物、煮物、揚げ物、豆類などをバランスよく入れるといった大まかな決まりごとがあるのかもしれない。そして、駅弁とちがって産地が特定できない、ということかもしれない。

その結果、全国のどこにでもあるものとなり、個性のないものになってしまった。確かに、幕の内弁当には視覚的デザインの美しさや、栄養的・食味的デザインの素晴らしさが原理的にあるにもかかわらず、マンネリズムのために、地域性豊かな駅弁に人気の点で差をつけられているような気がする。

幕の内弁当は、日本の手工芸的な文化のエッセンスだということはもはや定説になっている。確かにそうだろう。たとえば、面取りされた里芋ひとつとってみても、皮をむき、面取りし、味つけし、盛りつけるまでには、多くの人手がかかるし、それを決められたとおりにやるには、ある一定の文化的理解がないと、おいそれとはできない。

運が悪いのか、どうも、最近、感心する幕の内弁当に出合ったことはない。手工芸的部分がマンネリズムに陥り、カタチだけに堕《だ》してしまっているように感じるばかりだ。ことに、コンビニ弁当にいわれるものはそうだ。すぐれた原理におんぶするだけで、肝腎の手工芸的な心を忘れてしまったように思えるのだ。

面目

「めんもく」あるいは「めんぼく」と読む。面目の二字で顔のことを指しているが、わざわざ面目としたのは意味がありそうだ。面は顔のことで、目は文字どおり目なのだが、かつては見るという機能以上の精神的な意味があり、『常用字解』によると、「見ることは、（中略）精神的な交渉をも意味した」とある。つまり、この場合の目とは、他者との交流・交歓をするという意味があるように思える。

したがって面と目で、他者と話が通じるということになるのだろう。

用例としては、「面目をほどこす」とか「面目ない」などがあり、後者は、相手に対して顔が立たないということになる。この「面目」が相手にしているのは「世間」であるが、世間と顔の関係は、よく考えてみると面白い。顔は常に世間を気にし、世間との距離の取り方を考えているからだ。

【ヤ行】

焼きがまわる

刃物の刃を焼いて切れ味を出そうとするとき、火がいきわたり過ぎてかえって切れ味を落とすことがあるらしい。らしいというのは、これは実作者ではなくては細かいディティールが分からないからだ。おそらく、刃を焼く温度と時間の微妙なタイミングにかかわることなのである。「焼きがまわる」寸前まで焼かないといい刃物はできず、まわりすぎるとなまくらなものしかできなかったことによる。

つまり、「焼きがまわる」とは、「やり過ぎるとダメになる」というのがもともとの意味で、いつの間にか年とともに本人の知らないうちに能力が衰えたことをいうようになった。たいていの人間は、年とともに昔のことが通用しなくなるものである。それに気付かずにいると、「あの人もとうとう焼きがまわったね」といわれることになる。悲しいかな、多くの凡夫はそのことに気付かない。人間の性《さが》といってはそれまでだが、自戒しよう。

やぼ（てん）

「やぼ」とは粋の反対語である。野暮という漢字は当て字で、『和訓栞』には「野夫《やぶ》の音転なり」とある。語源はこれが近そうである。野夫、つまり田夫野人《でんぷやじん》のことであるから農夫、転じて田舎者を指している。落語の中には、やぼを演じる番頭さんがよく出てくるが、六代目三遊亭圓生や桂米朝の「百年目」に出てくる番頭さんはさしずめその典型であろう。この番頭さん、「わたしはこの年になるまで、芸者という紗《しゃ》はなん月《がつ》に着るのか、太鼓持ちという餅は煮て食うのか焼いて食うのか知りません！」などとやぼを演ずるものの、実際は、粋な遊びに通じているというのが噺の伏線になっている。

一般に番頭さんは、奉公人の中の最高位であったが、店の帳場を預かる身としては、固いことこの上ない「やぼ」がいいと思われていた。一方で、帳場を預かる身としては金銭的な誘惑にかられることが多かったのだろうが、それで破滅したというような噺は落語にはないようだ。そんな噺はあまり面白くないからだろう。もともと、「やぼ」とは、遊里の事情に通じていない人間のことを指していたように、遊びを覚えて身を持ち崩すというのは落語の世界のみならず、世間一般にあったようである。したがって、「やぼ」とはそれを封じるまじないのようなものいいだったのかもしれない。

落語の中にも「やぼでも○○屋の番頭は勤まります」というセリフが出てくるが、男が成人して誘惑にかられる年代に達すると、粋であるよりもやぼであることをおとなたちからいい含められていた。江戸っ子が、「やぼ」を嫌ったのは、実生活上では「やぼ」に徹して生きるしかなかったか、あるいは、そうしたほうが無難であるけれど面白くなかったからである。

落語の「幾代餅」は、当時の絶世の美女に惚れた、日本橋馬喰町の手代が、一晩に一年かかって貯めた一五両を散財してしまうという噺で、一年かかってここへ来たと話すと花魁《おいらん》が「主《ぬし》はもうここへは来てはなりんせん」と諭す場面が出てくる。実際に、第一級の遊女と過ごすとこれぐらいかかったかどうかは別にして、そうひんぱんに出かけられるものではなかった。したがって、日常は「やぼ」に徹して生きるしかなかったのだろう。

横紙破り

和紙は、縦方向に目がある。つまり、縦に繊維が並んでいて、きれいに割けるが、横方向にはなかなか手では破りにくいという性質を持っている。このことばは、そこから生まれたもので、常識に合わないことを押し通そうとするという意味に使われている。では、どこが縦でどこが横かというと、巻紙の場合、巻いていく方向が横である。巻紙は必要なところまで書いて、あとは折ってから両手で割くことができる。固い和紙でも、折った線に舌でなめるようにして湿らせれば簡単に割くことができる。

このことばは、肯定・否定の両方に使われるが、否定の場合、無理強いするというニュアンスがあり、肯定的に使われると、破天荒なとか常識破りのというニュアンスとなる。

二　かつてをしのぶ失われた日本語

【ア行】

上がり框《かまち》

いつのことだろうか、上がり框がなくなっていた。正確にいえば、かなり低くなり、すぐに室内に入るようになり、かつてのように上がるという具合ではなくなったのである。上がり框とは、民家の玄関にある、部屋に入る前の広さ畳一枚ほどの緩衝《かんしょう》空間で、どんな小さな家にもあったものだ。もちろん、長屋にも畳の四分の一ぐらいの広さのものがあった。

かつての民家では他者とのつき合い上、上がり框は大事な空間であった。国文学者の田中優子さんは、自分がかつて住んでいたころを思い出しながら、次のように語っている。

上がり框には、近所の人がふっと入ってきて、そのまま座り込んでしまいます。すると、家の人が出てきてお喋りを始める。現在なら、どうぞお上がりくださいと言うか、玄関で立ったまま話をするか、どちらかでしょう。上がり框の存在は、そのあいだに特有のコミュニケーションをつくっていたのです。（日本人とすまい6、リビング・デザインセンター、二〇〇一年三月）

つまり、民家の洋風化とともに上がり框は、駆逐されてしまったのである。これはたんに機能上の問題ではなく生活スタイルの洋風化とともに、他者とのつきあい方を大きく変えてしまったためである。簡単にいえば、上がり框という緩衝空間の喪失により、田中優子さんのいう「特有のコミュニケーション」がなくなってしまったのである。上がり框という緩衝空間がなくなった玄関では、セキュリティーが重視され、他人は入りにくくなっており、他者とのつきあいが希薄化していることを表す象徴的空間となっている。

上げぶた

上げ板というところもある。玄関の上がり框とか台所の板の間にあり、五、六枚の板を上げると、そこが貯蔵庫となっていた。上がり框の板を上げると、その中には大工道具が入っていたし、台所の板の間には、樽に入った糠床《ぬかどこ》やビン類が収まっていた。狭い空間を有効に使う工夫のひとつで、台所にはいまもメーカーが作った正方形で深さ三〇〜四五センチほどの貯蔵庫があるが、上げぶたはその原型である。上がり框の上げぶたを上げると、中は床下だからひんやり湿ったニオイがしてくる。地底の国を覗き見るような快感がわずかにしたことを覚えている。

現実には、雑然と工具や釘箱、ビン類が入っているだけの空間でしかなかったが、昔の人の工夫心に感心したものである。

上げぶたは、穴蔵が姿を変えたもので、かつては食品の保管場所であったものの名残りである。昔の穴蔵は、かなり大きく土中を掘ったもので、火事になると家財道具を投げ入れて土をかけ、火災から守るという大切な役目も担っていた。

それに比べると上げぶたは、かなり矮小化した使われ方をしていた。上がり框のなくなった現代住宅ではもちろん、玄関に上げぶたが作られるスペースはなくなった。

汗知らず

汗もの予防に使ったもの。現在ではシッカロールが代表的なもので、亜鉛華《あえんか》に澱粉《でんぷん》を加えたもの。かつては、キカラスウリの根からとった澱粉で作った。そのために別名を天瓜粉《てんかふん》という。シッカロールより天瓜粉のほうが優雅な趣がある。年寄りが天瓜粉といったら、「?」と思わないで、シッカロールを出してあげよう。

その昔、銭湯華やかなりしころ、夕方になると全身にシッカロールをつけられた幼児がすっ裸で脱衣場を走り回っていた。子どもは全身につけられるのがくすぐったいらしく、そうはならじと母親の手を逃れて逃げ回っていたのだ。余すところなくつけると、親子は下駄の音も軽やかに路地へ消えていった。子どもは日中走り回ってよく汗をかくので、シッカロールは子どものいる家庭では必需品であった。

今日のようにシャワーなどというものもなく、内風呂もめったにないとなると、行水をするしかなく、シッカロールをつけて汗も防いだのである。いまでこそ見かけなくなったが、汗もでただれた赤ちゃんの姿を見ることは珍しくなかった。シッカロールは、それほど高価なものでもなく、見事にお肌に優しい逸品なのであった。

鋳掛屋《いかけや》さん

昭和二〇年代後半までは、たしかに鋳掛屋さんの商売は成り立っていた。多くは、底に穴の空いたアルミの鍋を同じようなアルミ片で穴をふさいでいくもので、少し大きくした穴に、鍋の底から中へくぐらせるようにアルミの破片をついでからよく叩いて仕上げていた。作業時間としては、五分から一〇分くらいだったと思う。その技術に対してどのくらいの対価が支払われたか不明だが、さしたるものではなかったろう。

鋳掛屋さんがどうやら商売となったのも、いまから思えばモノがなかったし、あってもなかなか買えなかったからだ。みんなモノを大事にしていたから、鋳掛屋さんがやってくると、何人かのおカミさんが鍋を抱えてやってくる。そこがすむと彼はまたどこかへヒョイヒョイと行ってしまう。自転車にわずかばかりの道具と材料を載せておじさんはやってきた。子ども心にも、おじさんの手際のよさにうっとりとしたのをよく覚えている。

あのころの子どもの日常には、こうした商売人というか仕事人がよくまちの中を歩いていた。蝙蝠傘《こうもりがさ》の修繕も鋳掛屋さんと似たようなもので、広場の一角でよく傘の修繕をしていた。この当時、蝙蝠傘は貴重品で、雨の日、傘のない子はぬれながら学校にやってきた。番傘という、竹で作った骨組みに油紙の貼ったもので登校する子もいた。番傘の紙は結構強いものだったが、何かの拍子に破れると、ふさいでもそのうち使いものにならなくなった。

こんな中で蝙蝠傘は貴重で、傘を失くすというのは大変な損失だった。蝙蝠傘は骨がよく折れるので、そこを補修するのが修繕屋さんの仕事だった。針金をうまく使って布に穴の開かないように折り曲げていた。鋳掛屋さんにしても傘の修繕屋さんにしてもその仕事ぶりを子どもたちは楽しんでいた。

二〇〇〇年末に公開された中国映画「初恋のきた道」(張藝謀監督)の中で、割れた思い出の茶碗を修繕する渡りの職人のシーンが出てくるが、全体のストーリーとそれほど密接なものではなかったが、老職人の技と演技がとても印象的だった。割れた茶碗に手動のドリルで小さな穴を開け、針金で縫うようにしてつないでいくものだった。この老人は、村々を回ってわずかな工賃をもらっていく旅の職人であった。

居職《いじょく》

居職、つまり自宅を仕事場とする人のことである。近代的工場生産がさかんになるまでは、職人さんはみんな居職だった。いまでも職人といわれる人たちの多くは、居職である。

その昔は、ほとんどの親の仕事が居職であったので、サラリーマンの子どもは少なかった。子どものことを呼ぶのに、ブリキ屋の誰それ、仕立屋の誰それと、親の仕事で呼んだものだ。こういう時代には、通勤する人はごくごく珍しかった。ホワイトカラー、公務員、先生たちがそれである。居職の人が中心のまちは、仕事も生活もひとつの町内であらかた完結していた。それを庶民史研究の小木新造は、「町内完結社会」といった。

児玉隆也の『一銭五厘たちの横丁』（晶文社、〈初版〉一九七五年）を読むと、戦前の東京の上野近辺は、あらかた居職の人たちで占められていた。それだけに、同じ町内にどんな人がどんな仕事をしていたのか知らぬ人はなかった。これが戦後しばらくまで当たり前であった。そのうち、みんな勤めに出るようになり、サラリーマン、ＯＬ（昔はＢＧといった）となって、居職の人はごくごく少数派となった。サラリーマン、ＯＬは仕事はよそにいき、かろうじて生活だけを地元ですることになった。

その生活もコンビニやスーパーがあちこちにできてくると、地元の商店は衰退し、居職の人から成り立っていたまちの生活もますます立ちいかなくなってしまった。

井戸端

戦後しばらくは、地方都市では井戸から水を汲み上げていた。大きな家には、その家専用の井戸があったが、長屋住まいには、十数戸にひとつぐらいの割合で井戸があった。清浄な水は生活に不可欠なこともあって、井戸を中心に囲んで家屋が成り立っていた。

朝、各戸ではバケツを持って、井戸から水を汲む。一度ではすまず、二、三回往復する。夏などは、水の消費量が増えるので、また午後、井戸へ行く。長屋には風呂はないので、大量に使うとすれば洗濯用である。洗濯は井戸の周り、つまり井戸端ではやっていなかったと思う。というのも、十数戸が洗濯するとなると、その排水の量もかなりになるし、下水も自然排水に近かったので井戸が汚染される恐れもあったので、排水設備が整備されていない井戸端ではふつう洗濯は行わなかった。

しかし、井戸端会議ということばが残っているが、これは井戸の周りで長屋のカミさん連中が洗濯などをしながらおしゃべりをしている様を皮肉っていったことばで、時代劇ではよく出てくるシーンである。

一度だけ井戸を掘るのを見たことがある。丸太でやぐらを組み、地中にパイプをさしながら地下水脈をさぐっていく方法だった。美輪明宏がかつて歌っていた「ヨイトマケの唄」はこの井戸掘りのための労働歌でもある。

売り声

「町町の時計になれや小商人《こあきうど》」という、おそらく明治から大正にかけてつくられた川柳がある。その昔、物売りは大体決まった時間にやってきたので、その売り声を聞いて、「そろそろお昼だネ」とか「もう夕方かい」といって時計代わりにしたのである。この川柳は、そうした時計代わりになるように辛抱強く商売をしてほしいという願いがこめられている。小商人とはいうものの、ふつうは棒手振りである。棒手振りとは、一軒を構えた商人のことではなく、天秤の前と後ろに商品を入れて、日がな一日、まちまちを売り歩く行商人のことである。

誰しも最初は、大店から始まりはしない。しがない棒手振りから出発し、やがて多くの客がついて小店を構えていく。そのためには、まちの時計代わりとなるくらい辛抱強く商いをしなくてはならないのである。これは現代にも通じる話である。

この小商人たちは必ず、独特の売り声をもっていた。昭和二〇年代には、金魚屋さんとか豆腐屋さんぐらいしか残っていなかった。豆腐屋さんはいまでも見られるかもしれない。昭和一〇年代ぐらいまでは、まちの売り声は豊かであった。

安藤鶴夫さんがかつてニッポン放送で演じたラジオエッセイの中に「昔・東京の町の売り声」（昭和四二年八月二〇日放送）というのがあり、いくつか紹介している。（『昔・東京の町の売り声』旺文社文庫、〈絶版〉一九七八年）。この中からいくつか紹介すると、「朝顔の苗《なえ》に　夕顔の苗《ない》　かぼちゃ　冬瓜《とうがん》　白瓜の苗」とか「あさァり　むきみよー　あさり　からさアり　あさり　はまぐりよー　あさり　しじめよ……」。そして、「あーら　いわしこい！　あーら　いわしこい！」とある。

まちまちに売り声の響いていた時代は万事のんびりしていて、生活を味わうという風情がいくらかは残っていたということだろう。売り声は、まちの芸能であった。現在では、寄席藝として宮田章司さんが「江戸売り声」を受け継いでいる（『江戸売り声百景』岩波アクティブ新書、二〇〇三年）。

英字ビスケット

アルファベットの形をしたビスケットの表に、ピンク・黄緑・白・茶などの色がついていて甘くなっているもの。それまでのビスケットといえば、丸いか四角ぐらいのもので、塩味のしたものしかなかったので、これは画期的であった。

まず、英字であることが珍しく、親の虚栄心を若干くすぐった。子どもに与えて、学習の足しにしようというわけだ。ふたつ目は、表面に色がついていて、それがほのかに甘かったのである。

この英字ビスケットは、時間差はあるものの、全国に普及したようで、各地の同世代の人たちがその記憶を書き残している。現今の菓子のように、いちいち包装しているわけではなく、グラムか匁《もんめ》単位で売っていた。広口のガラス瓶から小さなスコップのようなものですくい出し、ハカリにかけて売っていた。それほど高いものではなかったが、あの色がいつも気になっていたのをよく覚えている。

つまり、どうしたら食品用にこのような色が出せるのか、といった若干科学的な疑問であった。英字については、周囲にそれが分かる人間がいなかったので、ついに学習的効果はなかったと思う。周りをみても、大体そんなようであった。

縁側

日本家屋の原則として、縁側のない家は考えられなかった。たいていは、日光のよく当たる南側につくられ、幅は六尺（約一・八メートル）ぐらいが一般的で、長さはいろいろあった。

縁側の機能は、近所の人や気のおけない人を迎える場であったり、日中の作業をする場であったり、はたまた日向ぼっこをする場であった。

しかし、現在のわたしたちの縁側は記憶の中にしかない。幼いころ、祖母や祖父から話を聞いたり、猫と戯れたりと、その思い出は冬の日の暖かな日ざしの中にあった。童謡「肩たたき」（大正一二年五月発表）は、縁側がなかったら成立しなかった童謡だろう。

記憶の中の縁側は、いつも外に開かれている。やや古い家であったが、縁側の前には何もない庭があった。縁側は、夜以外、たとえ雨でも雪でもいつも外に開かれていた。その理由は、縁側と外界を隔てるのは雨戸しかなかったためだろう。雨戸は日中、開け放たれていないと室内が暗いので、いつも開けてあった。昨今では、サッシのガラス戸が雨戸の手前にあるため、全面的な開放感は望むべくもなくなり、ややうっとうしいのがタマにキズである。しかし、防寒・防音のためにはそのほうがいい。

縁側がなぜ作られたのだろうか。室内から外へ出る中間の緩衝地帯として作られたのではないかと考えている。つまり、室内からいきなり外へ出るのではなく、ひと呼吸おいてから外界と接するようにわれらの祖先が配慮したのではないかと思っている。室内から外へいきなり接することに何らかの禁忌というか、ある種のためらい、もしくは心配りではなかったろうか。日中、緩衝地帯となる縁側は、室内であって室内ではなく、そこに明快なプライバシーは存在しないことが、縁側の機能であった。

玄関は、あくまで公の空間と位置づけられているのに対し、縁側はよりくだけた空間となっているのはそのためだろうか。公の室内が狭く、そうではない空間が広いのはどうしてそうなったのだろうかと考えてくると、たかが縁側ではあるけれど含蓄のある空間と思えてくる。

縁台

大体畳一枚ほどのスペースで、高さは五〇センチほどのベンチを縁台といった。そうあちこちにあるというものでもなかったけれど、町内のどこかに必ずあったものである。これに腰かけてやったのが、縁台将棋だった。二人でやるしかない将棋をみんなで周りを囲んで楽しんでいた。将棋盤の大きさも手ごろだし、子どもはこの縁台将棋で将棋を覚える、という教育的配慮もあった。

縁台はおもに夏のものである。むろん、冬だって使われたが、夏の暑さを木陰の下でしのいだり、涼しくなる夕方には、ここでおしゃべりをしたりするのにはもってこいのものだった。

かつての夏は暑かった。それでも夕方になると、どこからか風がそよとふいてきて、うちわを使いながら縁台に座って世間話をするのは、おとなの大事な社交であったから、その大道具として不可欠のものであった。よく昔は、おとなが家の外に出て、ぶらぶらしていたものだと思うが、それがごくふつうの夏をやり過ごすやり方だった。

昭和三〇年代の夏の写真をみると、上半身ハダカの子どもやふんどし一丁で男たちが縁台の周りにたむろしているのをよく見かける。

大掃除

おそらく行政の指導があったものと思われる、地域一斉の大掃除なるものが、春か秋にあった。昭和三〇年代までは確かに行われていた。この大掃除という一大イベントは、家族総出、町内総出というものであった。基本的には室内の畳をすべて上げて外気にあて日光浴させ、細い棒でパタンパタン畳を叩いてホコリを出すのである。

畳をすべて外に出す掃除ということがいまでは考えられなくなったが、なぜ畳を日光にさらしたのだろうか。この当時、結核が日本人の死亡原因の一位であったように、大衆の生活レベルは低く、貧弱な衛生状態であったし、住環境もやっと暮らしていける、という程度であった。このような決していいとはいえない住環境の中で、行政が恐れたのは、伝染病である。南京虫はいなかったと思うが、蚤やシラミは確かにいたし、蚊やハエは当たり前のようにバッコしていた。そして子どもたちのお腹の中には寄生虫がいたのである。水道の普及率も低く、トイレの水洗化はいつになるか分からない状態で、舗装率も低く、雨が降ればドロンコの中を歩かなければならなかった。いまでいえば、庶民は感染症の危険にいつもさらされていたということである。このような事情を背景とした大掃除であった。

上げた畳の下には、数年前の新聞紙が吸湿のため敷かれていたのでつい懐かしくなってそれを読みふけるオトーサンたちがいて、「掃除がはかどらない」とオカーサンに叱られる風景も珍しくなかった。床板の一部は簡単に取れるようになっていて、そこから床下に石灰をまいて防湿と消毒をはかった。

外では、叩かれた畳からホコリが出ていたので、子どももおとなもタオルか手ぬぐいで口を覆い、防塵に努めていた。大掃除がどのくらい伝染病予防などに効果があったかは不明だが、畳を外して日光にさらし、ホコリを叩き出すと、なんとなくスガスガしくなったような気分になったから不思議だ。家の中に運ばれた畳を元どおり敷きつめ、やがてその上で小さな卓袱台《ちゃぶ》を囲み、ささやかな夕食となって、町内のひとつのイベントは終わったのである。

お茶の間

お茶の間がしだいに消えつつある。椅子とテーブルのリビングルームでは、お茶の間といいにくい。本来、お茶の間は台所と座敷の間にあって、家族の最もプライベートな空間として使っていたために、親しみをこめてそう呼ばれていた。お茶を飲む空間、つまりくつろぐ空間であった。

ところが昨今では、座敷（和室）が消え、ダイニングとリビングが一体化しつつあることが影響してか、お茶の間的空間がいらなくなってしまった。さらにダイニングとリビングの一体化によって、くつろぎの空間はかつての茶の間の倍以上に広がっている。

そもそも茶の間というのは、家族が顔をつき合わせるようにしている空間で、四畳半とか六畳ぐらいの狭いものである。狭い空間に身を寄せ合うことによって、家族間の親密さも培われたといってもいい。それが倍以上に広がってしまうと、身を寄せ合うということもなくなり、自然と家族がバラバラになっていくのもなるほどとうなずかせられる。

さらに、最近の住宅傾向として、ダイニング・リビングを広くしようとする傾向にある。もうすでにバラバラになりかけている家族をより決定的に分解してしまうかもしれない。理想的な家族はもはやＣＭの中の世界なのかもしれない。すでに家族の成員に個室があるわけだから、リビングは家族がとおり過ぎるための機能的な存在でしかないのかもしれない。

ダイニング・リビングを広くしたいという欲求は、一体どこから生まれたのか知らないが、家族が暗黙のうちにそれを欲した結果かもしれない。漠然とした欲求の裏には、それを欲した人間が気付かない心情がひそんでいるように思える。すなわち、家族間の距離が疎遠になりつつあるのだろう。

残ったのは「茶の間の人気者」ということばで、実体がとうに失われ、かつてのイメージだけが残されるという皮肉な現実なのである。

押し売り

この場合の押し売りというのは、ある一定のパターンのものをいう。すなわち、風体《ふうてい》は苦学する大学生をイメージする学生服。売っているものは、鉛筆・ノート・ゴムひもといったものであることだった。はっきりした証拠があるわけではないが、以上のようなスタイルで押し売りをして歩いたという人の話をかつて聞いたことがある。

このような押し売りが徘徊する背景には、一般に苦学生には同情的であったという時代の心情があったことである。これを背景として、仕事にあぶれていた若い人ならば、押し売りとしての資格をもちえたということである。そして彼らを取りまとめる元締めがおり、学生服と商品を貸し与えていたのである。

したがって、押し売りが現れると、たちどころには断りにくい。まず、苦学生であることを逆手にとって、同情というよりやや威嚇的なムードで相手は迫ってくる。彼がやってくるのは、父親のいない午前から夕方で、その押しの強さを防ぐ人間がいないころを見計らってやってくる。

しかも、商品が高額ではなく、また余分にあってもいいような代物なので断りにくい要素もある。マーケティングとしては誠によく考えられた商法であった。小津安二郎の映画「お早よう」(一九五九年)に、殿山泰司が押し売りの役で出てくる。この場合の押し売りは、行商人が押し売り化したもので、かつての苦学生のパターンではない。

しかし、押し売りでいつも疑問に思うのは、日用品を売って歩いていて、あれで一家を養う稼ぎがあったのだろうかということだ。彼らの商品は粗悪品でもなく、かといって高級品でもない。しかし、中にはひどいものを売り歩いていた例もあるようだった。

押し売りが嫌われるのは、断りにくい状況に買い手が追い込まれることの不愉快さであるが、昨今のリフォーム詐欺などのように、得体のしれない悪徳商法というものはいつの時代でもバッコするものである。

【カ行】

街頭テレビ

昭和二八年(一九五三)二月一日の午後二時、日本初のテレビ本放送が始まった。

NHKが開局祝賀式を流した後、菊五郎劇団の舞台中継などを放映したが、銀座に街頭テレビが置かれ、数百人が見入ったという。この時点で契約数は八六六件に過ぎなかった。

この街頭テレビを大々的に展開したのがＮＴＶの正力松太郎だった。ＮＴＶは約半年遅れの八月二八日、テレビ本放送を開始したが、ＣＭを収入源としていたものの、受像機の普及が思うように進まず、何とかその隘路《あいろ》突破のために考えついたのが主要駅前に設置する街頭テレビだった。

当時の受像機は、アメリカＲＣＡ製の一七インチで二五万円、一四インチで一七万三〇〇〇円～一八万円であった。大卒初任給が大手で一万五〇〇〇円ぐらいで、サラリーマンの平均月収は三万円ほど。これではテレビは手に入らなかった。

そこで正力は、放送と同時に都内主要ターミナルや関東一円五五カ所に二二〇台の受像機を設置して大衆の前にさらした。その数は翌年末までに二七八カ所に及んだ。

街頭テレビの花形はスポーツ中継で、なかんずくプロレス中継は、街頭テレビの前にいる観客を興奮させた。その数は多いところで一カ所で二万人を数えたという。主役は力道山で、敵役はシャープ兄弟だった。敗戦国の力道山がアメリカ人の大男をなぎ倒す姿に、打ちひしがれていた国民は喝采を送った。胸にたまっていたウップンを晴らす思いだった。この熱狂はすさまじく、夕方から夜にかけて駅前にある街頭テレビを見に行くことは、子どもたちだけではなくおとなたちの新しい楽しみだった。この街頭テレビはテレビ普及の起爆剤となり、家庭の中にテレビが入っていくのはもう少しであった。

紙芝居

昭和二〇～三〇年代に少年少女時代を過ごした大人たちにとって、紙芝居は忘れられない体験であるだろう。昭和三〇年には斜陽が伝えられていたが、まだ都内に二〇〇〇人の紙芝居屋さんがいたというから、最盛期にはかなりの人数だったにちがいない。おそらく同時代を生きた子どもたちの中で、紙芝居体験のなかった子どものほうが珍しいのではないだろうか。ただし、田舎では経験しなかったから、ある程度の人口の都市に紙芝居屋さんは集中していたのだろう。

何があんなに面白かったのか、いまではまったく思い出せないが、夕方の来るのが楽しみだった。拍子木（太鼓というところもあった）を叩いていると、子どもたちも遊びをやめて紙芝居に集まってくる。その数、十数人くらいで二〇人を超えることはなかった。子どもたちは手に握りしめた五円玉で、水飴かソースせんべいを買って、紙芝居に夢中になるのだが、おじさんが来て、演じ、帰るまで一五分か二〇分くらいだった。雨の日に見た記憶はないが、日中の二時から日没前の六時ごろが営業時間とすれば、演じる回数は十数回にしかならない。

斜陽にたちかかった昭和三〇年の稼ぎは、月一万円がやっとというから、それぞれの身入りは大したものではなかった。それでもかなりの大人たちが紙芝居業に携わっていたのは、それほど特別な技術がいらなかったからだろう。もちろん、話芸に秀いでていれば、それなりの人気を博したであろうが、そういう例は少なかったようだ。

しかし、紙芝居作家として後に名を残した人といえば、大衆文化について書き続けた加太こうじ、絵を描いていた白土三平、水木しげるが有名である。これほどでなくても、この当時、食うや食わずの雑業者であった、モノ書き、絵かき、マンガ家は、紙芝居のおかげで何とか生活をやっていくことができたのである。

近ごろ紙芝居と称するものは、すべて印刷であるが、当時のものは一作一作手描きのオリジナルである。とにかく膨大な量の紙芝居が作られたのである。ところが、昭和二八年、テレビジョンの本放送が開始され、皇太子ご成婚（昭和三四年）を機に、テレビが一般大衆の家庭に入るに及んで、子どもたちは紙芝居から遠ざかったのである。

蚊帳《かや》

昨今では、まち中は当然にも、農村部からも蚊はいなくなった。農村部でもときどき、「ブーン」と飛んでこないこともないが、いなくなったといってもいい。それは、ここ一〇年くらい前からのことかもしれないが、気が付くと、蚊帳はなくなり、殺虫剤もめったに使わなくなってしまった。あの寝苦しい夜に、たった一匹でも飛んでいると、いつまでも気になって気になって眠れなくなった経験は、もはや過去のことなのである。

ところで、蚊帳には高級なものと普及品の二種類あった。前者は白で、後者はグリーンであった。白い蚊帳はいかにも涼し気で、なにやらぐっすり眠れそうな雰囲気であった。しかし、一方のグリーンの蚊帳は、見ただけで暑苦しくて、中に入るのがそれほど楽しそうではない。

実際は、どうだったかというと、部屋の広さや寝ている人数にもよるだろうが、狭い家に家族全員でとなると、かなり暑かったのである。しかし、蚊の多さの前には、何としても中に入らないと、集中攻撃で確実にやられるのが常であった。

蚊帳の中に入ることは、うっとうしいだけのものだったが、同世代の中には、中に入って遊んだ思い出を楽しく語る人がいる。たぶん、その人たちは、広い蚊帳の中でのびのびと寝ていたから、そうした記憶を紡ぎ出すことができるのだろう。しかし、さんざん、あの息苦しさと蚊の攻撃に悩まされた身にとっても、蚊帳はやはりノスタルジックな気持ちにさせる道具であるから不思議である。

蚊帳を吊る習慣がなくなり、そして残ったのが「蚊帳の外」ということばである。以上の前提がないとこの意味は分からないが、風俗が消えたあとのことばというのも何とはなしに坐りが悪いのである。

肝油《かんゆ》

記憶にまちがいがなければ、肝油はなぜか夏休みに飲まされた。直径一センチほどのゼラチン状のものを一日二粒、うまいんだかまずいんだかよく分からなかったが、小粒なのですぐのどを通った。肝油は古くから飲まれている、いまでいえばサプリメントで、マダラ、スケトウダラなどのほか、マグロ、カジキ、サメなどの肝臓の脂肪分を抽出してつくったもので、子ども用には少し甘味がついていた。

有機成分はビタミンA、Dで発育期の子ども、妊婦、病後の人の栄養剤であった。果たしてどのくらいの効果があったか不明だが、何の疑問もなく毎日食べていた。それほど高いものではないので、気休めに食べさせられたのだろうな。

経木《きょうぎ》とたけのこの皮

このふたつはかつての包装資材の代表選手。いまでも見かけないことはないが、高級肉店などに限られているようだ。経木は、木を薄く削ったもので、その昔、薄く削った木片を十数センチの短冊状にしてそこへお経を書いたことによりその名がついた。

よく肉屋で揚げ物のコロッケ、メンチ、豚カツを経木に包んでくれた。その白さがとても清潔に感じられた。経木でくるんで、やはり似たような素材のヒモで縛り、新聞紙に包んで渡してくれるというのが定番だった。経木は適度に脂肪分を吸い取り、いらなくなったら練炭の焚きつけにするとよく燃えた。

たけのこの皮は、たけのこの周りについている皮を包装用に使ったもので、しなやかで強く、内側は水を弾くという理想的な包装材だった。肉、おむすびを包むのによく使った記憶がある。いまでも、バッテラをたけのこの皮に包んでいるのは、若干の殺菌力があるためだといわれている。

魚もたけのこの皮で包んだといわれているが、経木のほうが多かったと記憶している。そのほかは佃煮、漬物も包んだという記憶がある。いまではプラスチックやビニール製品のものが出回って、かつてと比べられないくらいそれらは重宝されているが、これらがいったんゴミになると始末におえず、たちどころにプラスチックのゴミの山となる。プラスチックは、流通のためには都合のいいものだろうが、いつまでも使い続けていていいものだろうかと思う。レジ袋の有料化もさることながら、プラスチックのパッケージのほうも何とかしないといけないんじゃないの。

行水

かつて神仏に祈る前に、水で身体を清めることを行水といったが、いつのころからか、夏の暑いさかりに、タライに水を入れて水浴することをいうようになった。

昭和三〇年代ごろまでは、どこの家でも夏になるとよく行水をしたものである。おとなも子どももである。むろん女性も。若い女性が行水につかったのは見たことがないので断定はできないが、たぶん、周りを隠してつかったと思う。それほど行水は、ごくふつうの日常的習慣であった。

わたしの記憶では、小学校の低学年まで、夏になると父親を除いてホンのわずかのスペースを見つけてよくやったと思う。洗濯機が出回る前はみんな木のタライで洗濯をしていたので、どこの家にも必ずタライはあった。このタライに水を入れ、裸で水を浴びるだけのことだったが、子どもの汗はすぐに引っこんだ。身体の汗を流すのが目的だから、いく人入っても水はそれほど汚れるわけでもない。おそらく残り水は、捨てずに洗濯にでも使ったのかもしれない。

行水が日常的であったのは、内風呂を持つ家が少なかったことと、耐えがたい夏の暑さをそれでいくらかやわらげられたからである。クーラーなんていうものはあることが珍しい時代だから、簡単に涼のとれる行水は重宝したのである。

この行水という習慣がなくなってしまったのは、内風呂の普及であることはまちがいのないところだが、それに輪をかけたのが洗濯機の出現によるタライの駆逐であったのだろう。それと同時に、いつしか、日中、誰の目も気にせず水浴するということへの、ある種の気後れが生まれたからともいえるかもしれない。くわえて、小学生がプールへいくようになって自宅で水浴する必要がなくなったことも少しは影響しているだろう。

いま行水をするとなると、とても厄介なことである。まず、あの木のタライがないので特注しなくてはいけない。そして他人の目を気にするというよりも、他人がそれを見たくないという心情をどうするかという心配がある。まったく閉鎖空間でやるとなると、これはもはや行水ではない。

行水は、オープンエアでやるから気持ちいいのである。つまり、他者が見ているかもしれない、見ていてもそれが当たり前だという共通の約束ごとのようなものがあって初めて成り立つものであった。こうしたものがないところでは、もはやかつての行水は見られることはない。

魚肉ソーセージ

魚肉の利用は大正初年に始まるというが（『食生活世相史』加藤秀俊、柴田書店、一九七七年）、この段階では商品化されなかった。市場に流通させるほどの量の魚肉を包み込む技術がなかったからである。同書によると昭和二七年、日本水産の戸畑工場でライファンという新しい包装材料を使った魚肉ソーセージの生産が始まった。原材料は、鯨、マグロ、鮭であった。二八年、ビキニ環礁《かんしょう》におけるアメリカの原爆実験により一帯のマグロが放射能によって汚染されるという事件が起こった。たちまちマグロの値が暴落したことから魚肉ソーセージメーカーが続出し、三〇年には月産一〇〇〇万本にまで達したという。マグロの値が暴落したのは、いわゆる風評被害というもので、関係ないものまで巻き添えを食ったわけである。

一部の人を除いてこのころまで、本物のソーセージなるものを食べたことはなかった。水産資源が豊富だった当時、本物の代わりに庶民は喜んで魚肉ソーセージを食べたのである。それは、本物の肉を思わせるようなピンクの色が混ぜられており、かすかに塩味がした。ガブリと一口でかみ切れるほどやわらかく、少しは栄養になったように思えた。この当時、まだ本物の肉に出合うことはまれで、せいぜい豚の小間切れや豚と牛の合い挽きがときおり食卓に上るぐらいだった。まだまだ〈食の洋風化〉にはほど遠く、〈ほとんど純和風〉の食生活であった。学校給食を機に〈食の洋風化〉は進み、米を食べると頭が悪くなるという学者が輩出してくるのももうすぐだ。

鯨カツ

鯨料理はいまや高級料理の領域に入ってしまったが、戦後の食糧難時代には、不足するタンパク質、脂肪を補ったポピュラーな食品だった。ことにベーコンは日常的で、厚さ一ミリほど、幅二、三センチ、長さ一五センチほどでほとんどが油身で端っこの赤が毒々しくてなんで着色されていたのか知りたいところだが、この油身はギトギト、ビロビロしていてうまいとは思えなかったが、安かったせいかよく食卓に上った。

しかし、それほどの頻度ではなかったが、鯨カツはうれしいおカズだった。まだこの当時、豚カツはめったに口に入らないので、ときどき出て来る鯨カツはいつまでも味わっていたい代物だった。とはいえ鯨肉はやわらかいとはいえず、かなり咀嚼しないとのどを通らなかった。しかし、わずかながらタンパク質の味がして、うまかった。

当時の大衆は、あまり豚肉、牛肉の味を知らない。「肉入り」なんてメニューに書いてあると力がつくような感じがして思わず注文してしまうのは悲しい習性であった。給料日とか何かいい日に鯨カツを食べていたが、いつもはコロッケであったので、一ランク上に上った気分である。

コロッケといったって、ジャガイモにごくわずかに挽き肉が入っているだけだったがそれでも満足であった。鯨カツはいまではめったに出合うことはない。高級料理店で味わうものではない、というかたくなさを守っているのも当時を知るおじさん、おばさんの矜持というところだ。

コッペパン

脱脂粉乳世代にとって懐かしいのがコッペパンである。長さ二〇数センチの紡錘形のパンで給食には毎食出されたが、まちのパン屋さんの主流もこれだった。コッペパンの語源は、フランス語のクッペ（coupée＝切る）、あるいはドイツ語のコッペ（koope＝山形）がなまったものといわれているが、定かではない。

それはともあれ、コッペパンは戦後の飢餓時代の産物なのである。昭和二〇年（一九四五）秋の米作は予想どおり凶作で、麦、イモ類、雑穀を合わせても食糧は約二〇〇万トン近くの不足が明らかとなった。政府は一〇月、ＧＨＱ（連合国総司令部）に四三五万トンの食糧輸入を要請した。

食糧不足は治安にとって見過ごすことができなかった。この年のヨーロッパの小麦も不作だった。アジアの米も同じで食糧危機は全世界的な規模で起こっていたため、アメリカ政府はＧＨＱの要請に応えられないと回答した。しかし、日本の食糧事情はかなり逼迫しており、本格的な輸入の始まる前に、ＧＨＱは米軍の食糧を取りあえず放出することになった。二一年二月一一日、東京・芝浦にあった米軍倉庫から小麦粉二〇〇万ポンド（約九〇〇トン）が都民に配給された。

この小麦粉はコッペパンに加工され、都民一人に二個ずつ配給され、都民を感激させた。やがてコッペパンは学校給食の主食となるが、戦後の子どもたちが出合ったアメリカのイメージの一端を象徴していた。

学校給食では、ちぎって食べたが、まちのパン屋さんでは、ふたつに割いて、その間にジャム、クリーム、ピーナッツバター、チョコレートなどを薄く塗って一〇円で売っていた。ジャムはイチゴジャムのことで、イチゴのプップッが入っていてそれらしかった。クリーム、ピーナッツ、チョコレートも本物のようでなにやら明るい未来が広がる感じがしたものだった。

【サ行】

サッカリン

合成甘味料のひとつで、砂糖が昭和二七年（一九五二）まで統制品で自由に買えず、しかも高価な時代であったためどの家庭にも置いてあった。試験管のようなガラス管に入っていたが、ホンの少しなめただけで気持ち悪いぐらい甘かった。モノ心ついたときには、もう砂糖は自由に手に入ったので、使っていなかったが、どうもこの味はイカサマ（代用品）といった色彩が強く、思いわずらうことなく使えなかったようだ。

サッカリンのほかに、ズルチン、チクロ、ソルビットというのが知られているがズルチン、チクロは有毒食品と指定され現在では使われていない。ソルビットは加工食品に使われている。戦後まもなくの時期は、本当に何もないころで、そのころやむなくサッカリン（ズルチンも）を使っていたのだが、その後も、子どもたちが駄菓子屋で買っていたあの気持ち悪い色のお菓子にも合成甘味料や合成着色料がいっぱい入っていたんだろうな。でもあのときはそんなことも知らずに……。しかし、いまではあのときをはるかに上まわる合成甘味料、着色料、保存料が入っている食品があるにちがいない!!

三角ベース野球

いつ誰が考えだしたのか、てっとり早く草野球をするのに好都合だったのが三角ベース野球だった。一塁と三塁を結んでしまうと三角になり、そこからこの名がついた。とはいっても正確に測ってベースの位置を決めたわけではなく、適当な長さで三角形にベースをつくって野球のようなことをしていた。それは四角くするほどのスペースがない空き地でやるときや、また人数が足らないときにやる野球であった。

当時、子どもたちのうちで本式の野球を見た子は皆無だったろうし、ラジオ中継もほとんどなかったにもかかわらず、ルールらしきものはなぜか知っている子がいて、野球もどきのことをやっていた。球は、ゴムボールがほとんどで、グローブは必要ないので素手。バットは太い棒か太い竹であった。それでも戦後のまちにはどこにでも空き地があったので、ゴムボールと棒があればできたのが三角ベース野球だった。ゴムボールに棒では、どんなに叩いても遠くへは飛ばないので小ぢんまりしたスペースがあればできたのが三角ベース野球だった。

昭和三〇年（一九五五）前後になるとソフトボールが出回り、少年たちは三角ベース野球から本式の野球へと興味を移した。グローブはやっと一試合に数個で、両チーム代わりばんこに使った。でもまだズック靴は貴重品だったので、みんなハダシだった。運動場は土で、かけずり回るのが心地よかった。あの広々とした校庭が大人になってからいってみると、やけに狭くてかわいらしかった。

三等車

かつて国鉄の車輌には三等車というものがあった。三等の上が二等で、その上が特二等であった。つまり三等車は、誰でもが乗る車輌のことで、そのことから三等とは別のニュアンスが生まれ、あまり価値のないもののことになった。源氏鶏太が「サンデー毎日」に「三等重役」を連載するのは、昭和二六年（一九五一）八月からのことであったが、戦後の社会変動の中で思いがけず重役になった人をからかったものである。別名、サラリーマン重役ともいった。この「三等」ということばは後に映画「三等重役」（東宝、一九五二年）となっておとなから子どもまでが知ることになった（ちなみに「三等重役」は社長シリーズの第一号）。

昭和三五年（一九六〇）、二等は一等に、三等は二等となって、著しく差別的な呼称は改善されたが、昭和四四年（一九六九）、ついに一等車をグリーン車、二等車を普通車と呼ぶようになって差別的呼称は完全に消えた。

このグリーン車という名前が登場したとき、なんで「グリーン」なんだという論争もあったが、いまでは定着した。なお、ＪＲではアナウンスする時はグリーンとのばさず「グリン車」といっている。どっちでもいいようなものだけれど。

敷居《しきい》

世の中、バリアフリーの時代である。それじしんは、とてもいいことで、まったく文句のつけようがない。けれど、家の中から敷居がなくなってしまった。なにもバリアフリーの影響でというより、ライフスタイルの変化がそうさせたのだが、かつて敷居は父親の権威の象徴であった。いわく、お父さんの頭になぞらえていたので、子どもが敷居に足を乗せるとえらく怒られた。

かつての日本家屋の玄関は、ほとんどが引き戸で、ガラス戸に桟がタテに入っているものがふつうであった。引き戸の下には滑車がふたつ埋めこんであり、敷居の上の二本のレールの上を滑らかにいったり来たりしていた。この敷居をまたいで出たり入ったりするというのが、ごくありきたりの風景であった。

しかし、最近の引き戸には、かつてのように一〇センチほどの高さの敷居はなく、平べったくなってしまった。そして、いつのまにか、当然敷居のないドアに代わった。ドアはある意味で、日本住宅の近代化の象徴のようなもので、ドアから出入りすると、何だか洋風の生活に近づいたかのような錯覚をしたものである。

わたしの場合、ドアの生活は長続きせず、そのうちに著しい違和感を感じて、引き戸にしてしまった。といっても、かつてのガラスに木の桟のものではなく、アルミの桟にガラスという風情があるんだかないんだかよく分からないものに取って代わられた。もはや引き戸はかつてのように「カラカラ」と軽く動くことはなかった。防犯上はこれでいいのかもしれないが、何とはなしに切ないのである。したがって、敷居の何たるかを知らないと「敷居が高い」ということばの本意はよく伝わらないのである。

ジュースの素

ジュースの素といえば、渡辺製菓のものである。昭和の大喜劇王・榎本健一（エノケン）がCMソングを歌っていて「渡辺のジュースの素です。もう一杯」というフレーズが子どもたちの間で大流行した。

このジュースの素は、昭和三三年（一九五八）の発売であるが、子どもたちはラジオのCMでそれを知ったのである。当時、一般家庭ではテレビは高嶺の花であったため、まだラジオCMが幅を利かせていた。

CMソングが大流行するとともに、ジュースの素も売れた。なにしろ、大人でも子どもでも、実際のパイナップルもオレンジも見たことはあるものの、実際に食べた人は少なかったからだ。

しかし、そのジュースが簡単に安く手に入るとなれば、親も子どもも喜んだのは当たり前。ジュースの素は、何かを混ぜた粉末のことである。渡辺のジュースの素のパッケージ写真には「厚生省許可特殊栄養食品」と書いてあり、ビタミンが入っていたという。賞味の仕方はいたって簡単で、スプーンで二、三杯ジュースの素をコップに入れ、水を注いでかき回すだけだった。

発売当時、電気冷蔵庫のある家庭はまだ少数派だ。したがって、今日のように冷たく冷やして、という具合にはいかない。生ぬるい水道水でがまんするしかなかったが、「もっと飲みたい」という誘惑を子どもから遠ざけることは難しかった。何しろホンモノの味は知らないくせに、いままで経験したことないジュースらしきものが飲めるという画期的なことが起こってしまったからである。

渡辺製菓はその後、「即席しるこ」「インスタント渡辺ココア」を発売している。「即席しるこ」には小さな餅が入っていて、林家三平（現・林家正蔵の父）が「お餅も入ってべたべたと安くてどーもすいません」（一九五九年）というCMを歌っていた。渡辺食品は後にカネボウ食品に吸収された。

シンコ細工

シンコとは漢字で、糝粉と書く。あるいは新粉とも書く。米の粉のことで、白米を日光で乾燥させ、臼でひいて粉にしたもの。用途は、だんご、ちまき、煎餅《せんべい》の原料となる。このシンコに水など加えてこねて餅状にして細工したものをシンコ細工といった。そのルーツは、冠婚葬祭などの供物として動植物の形にして彩色したものだったらしく、いまもその風習が残っているところもある。

江戸中期からは、シンコ細工に蜜をかけ駄菓子屋や縁日で売っていたが、これは昭和初期に途絶えたという。昭和二〇～三〇年代にまち角で見たものは、これと少しちがう。シンコそのものが、現在の餅よりも肌理《きめ》が細かく繊細であったという印象がある。モチーフは野菜をあしらったものが多く、蜜を塗ったのではなく、シンコそのものに砂糖が入っていて食べるとほのかに甘かった。緑・赤・黄などに色分けされてモチーフを彩っていたが、よくできていたので食べるのが惜しかった。そういう機会がひんぱんにあったわけではなかったが、そのうちシンコ細工のおじさんは来なくなってしまった。

子ども相手の商売だから、おそらく一〇円前後の売値でしかなかったと思う。自転車の後ろにシンコとハサミ、ヘラなどを入れて、細工をしながら売り歩いていた。二時ごろから六時ごろしか商売の時間はなかったにちがいないし、あれで果たして家族を養えたのかといらぬ心配をしてしまうが、あのおじさんたちはどこへいってしまったのだろうか。

ところで、土門拳の昭和二〇年代の「こどもたち」（ニッコールクラブ発行、一九七六年）という作品集に、シンコ細工を見つめる少年たちがいる。ここでは中年のおばさんがハサミを使ってシンコ細工を作っている。

七厘（輪）

七厘という名の由来は、燃料の炭が七厘で買えるぐらいの量で煮炊きには間に合うところから生まれた。古くは「和漢三才図絵」にものっているから、かなり昔からあったものだろう。しかし、よく考えてみると、七厘は実によくできているうえに機能的にも優れている。素材は珪藻土なので、耐火性があるうえに柔らかいので可塑性もあり加工しやすい。一体、このポータブルコンロを発明したのは誰なんだろうか。

練炭やタドンが燃料となるまで、日本では炭がもっぱら使われていた。この炭が、暖房用・炊事用に使われていたのは中世以来のことである（『日本木炭史』上・下、樋口清之、講談社学術文庫、一九七八年）。このときの暖房用器具はコタツであり、炊事用器具は台所に固定された切炉《きりろ》であったと思われる。切炉とは、「方形または長方形の炉を切り、五徳・鉄輪を置いて提子や鍋をかけ」たものである（同書）。まだポータブルの七厘はなかったようだ。

人間は日々、煮たり焼いたりして何かを食べなくては生きていけない。煮炊きを便利にしようとして五徳が生まれたのは、構造が簡単なことからかなり古いだろうとは予測できる。また、日常的にひんぱんに使うためには切炉をつくって、いつでも煮炊きができるようになるのも、そう長いこと時間がかかったとは思えない。

ところがポータブルコンロ＝七厘は、ポータブルにならなければ、あるいはしなくてはならなかった「歴史的必然性」があって生まれたと思える。それはおそらく、大衆が都市に集まるようになってから必然的に生まれたものにちがいない。

場所を選ばずどこででも火をおこせる七厘は、画期的なコンロであったにちがいない。大げさではなく、七厘によって大衆の生活は便利になり、料理の幅も広がっただろう。しかし、七厘は、ガス・電気の普及によって、昭和三〇年代以降は、部屋の中から駆逐されてしまった。いまでも細々と製造はされているが、その量は昔日の比ではない。それにしても、こんな便利なものを考えたのは誰だったんだろう。

スイトン

スイトンとは、炊団あるいは水団と書くもので、水でこねた小麦粉をピンポン玉より少し大きいぐらいの団子状にしてちぎり、ダシ汁に入れて煮たものである。戦時中、米不足の中で編み出された代用食の一種であった。戦時中のものは、ダシ汁とはいうものの、ほとんどダシの効いていないものだったという。

しかし、戦後の昭和二一年には、これでも食べられればまだいいほうだった。戦後が少し落着いたころの二五、六年になると、わが家でもよくスイトンが夕食に出た。たいていは、給料日が間近になったころで、戦時中よりは多少ともマシなものであると両親はいっていたが、子どもにとってはそれほどうまいものではない。小麦粉のネバネバした食感が歯ごたえとはならず、汁の中にサトイモ、ニンジンなどが入っていたと思うが、貧しかった食事の中でもいい思い出ではないうちのひとつである。ただ空腹を満たすためのものでしかなかったからだ。

昨今もスイトンというものが見られなくはないが、当時のものからしたらはるかに高級品であり美味なものである。スイトン全盛のころは、米が最高の主食であった。

雑炊

冬になると鍋物が居酒屋などで出回る。この鍋の最後に雑炊というのが定番だが、ここでいう雑炊はそんな高級なものではない。加藤秀俊さんの『食生活世相史』(柴田書店、一九七七年)に、終戦直後の昭和二一年七月の食生活の話が出てくるが、そこになんと三食とも雑炊という人たちがいることをリポートしている。内訳は「無職一二％　労働者一一％、会社員〇・八％」というものだが、およそ二〇％強が雑炊をすすっていたことになる（調査対象が都民の一三六世帯なので、大体の目安と思ってほしい）。

この場合の雑炊には、米粒はまったく入っていない。現代の雑炊は米が中心だが、かつてのものはまったくのゼロ、なのである。それでは何を食べていたのかというと、野菜クズ、魚肉のクズが主流であったらしい。加藤さんによると、「糠団子《ぬかだんご》、菜葉汁《なっぱじる》の最下等」代用食であったという。当時の東京都の米や麦の配給は一カ月に二、三日分であったから、闇で流通する主食を確保しない限り、何かで代用しなくてはならなかったわけである。いつの世も金持ちには裏の道があり、そこには銀シャリ（米の飯）がたらふくあった。そうはいかない貧乏人は、スキっ腹をかかえて、何とかその日を生きていたのである。

米・麦でダメならパンがあるではないかというのは事情を知らない人のいうことで、パンなどというのは当時高級品であったから見たことのない人のほうが多かったのである。戦後史に名高い「米ヨコセ」メーデーが起こったのは、昭和二一年五月一二日、世田谷区内においてで、「働けるだけ食わせろ！」がスローガンだった。同月一九日、皇居前広場で開かれた「食糧メーデー」（飯米獲得人民大会）には、なんと二五万人が参加した。

同じころNHKラジオの街頭インタビュー番組「街頭にて」が六月三日から内容を変え、初めてとりあげたテーマが「貴方はどうして食べてゐますか」というもので大反響を呼んだ。それほど、人民は飢えていたのである。

駄菓子屋さん

「駄」という字は、つまらない、ささやかなという意味があり、駄菓子とは、とるに足らない菓子のことであるが、駄菓子屋さんは子どもにとって夢のような所でなんでもあった。とはいえ、当時の子どもの欲望は大したものではなかったが、それでも子どもにとって目がくらむほどの品揃えだった。

どんなものが並んでいたのか、資料と記憶で再現してみよう。まず飴からいくと、水飴、カバヤキャラメル、紅梅キャラメルがあった。水飴は、広口のガラスビンの中に入っている水飴を二本のワリバシですくい取り、五円分とか一〇円分渡してくれるもの。カバヤキャラメルは、昭和二六年、岡山市のカバヤ食品が売り出したもので関西が中心だった。『昭和B級文化論 ザ★おかし』（串間努、扶桑社、一九九九年）によると、キャラメルの箱に入っている「ターザン」の絵入り点数カードを集めるとマンガの名作シリーズのカバヤ文庫がもらえたりしたという。飴としては、ほかに直径三センチほどの飴玉にザラメをまぶしたものがあった。それ以前からあったものとして、カリントウ、金平糖、ハッカ、ニッキ、南京豆（ピーナッツ）、せんべい。海産物を加工したのが、のしいか、酢コンブ、ゲソ。新しいと思われるものに、ソースせんべい、カルメ焼、白くて丸いラムネ菓子、ガラス棒に入っているカンテン棒（直径七、八ミリほどのガラスの筒の中にゼリー状のものが入っていて、それを一気に吸い込む）。そういえば夏になるとトコロ天もあった。しかし、アイスキャンデー（アイスクリームはまだ珍しかった）は駄菓子屋にはなく、キャンデー屋のおじさんが自転車の荷台に、「アイスキャンデー」という小さな旗をなびかせて売りに来ていた。

駄菓子屋の店内には、おそらく地域の特性を生かした駄菓子類がいっぱいあったであろうが、駄菓子のほかに遊び道具も売っていた。メンコ、ビー玉、ベーゴマ、トランプ、カルタ、双六、水鉄砲、ゴムまり、ケン玉。女の子用には、ビーズ、おはじき、リリアン、ぬり絵。そして、月遅れの少年少女雑誌の付録、正月には凧、夏には花火があった。

駄菓子屋の店先には、いずれにしても高価なものはない。五円か一〇円の小遣いを握りしめてやってくるような子どもたちにとっては、何を食べようか、何を買おうかと考えるのは、至福の時間であった。しかし、商品には大手のものを除いてメーカー名を入れたものはなく、今日からすれば規制にひっかかる原材料・色素などが平気で使われていた。食べていると、口の中や唇まで赤く染まることは別に珍しくもなかったが、不思議とお腹をこわしたというのは聞いたことがない。考えてみれば、当時の子どもたちは、戦後というある種の野放図な空気の中で、野放図な食品を平気で食べていたことになるのかもしれない。

三和土《たたき》

三和土と書いて「たたき」と読ませているが、もともとは「敲《たた》き土」と書いた、というように語源の説明をしてもそれが何であるか分からないと、この場合、まったく意味がない。三和土と聞いて、それがどんなものか分かる人は少なくなったが、かつての農家や商家の土間を想像してもらえばいい。農家には土間がどこにでもあったからである。

三和土は、赤土に石灰・苦汁《にがり》を入れてよく練り、適当な厚さで敷き固めたものである。敷き固めるとき、木槌で叩いて固めるので「たたき」といった。厚さは三寸前後（約九センチ）が一般的である。三和土という字がいつごろから当てられたのか不明だが、三つの材料を和えた土とは、うまい命名である。

土から離れた生活の現代からは想像しにくいのだが、この三和土は実に理に適《かな》ったものである。三和土は三つが混ざり合うことによって固くなるわけだが、その固さはコンクリートの閉鎖的な固さとはちがう開放的なものに仕上がる。つまり、土は締まるものの、わずかに呼吸しており、吸収性もある。

三和土の威力が発揮されるのは、夏である。外から帰って土間に入ると、ほんの少し足元から冷たさが立ち上るからである。三和土の土間は室内の空気をわずかながら冷やしているのである。この感じを日本画家・鏑木清方は回想記『こしかたの記』に残している。

本湊町の河岸には炭問屋が軒を並べていたが、川添の方には中へはいれば昼も小暗い大きな炭蔵が並んで、日の当った道路から一歩踏み込むと、蔵の中はひいやりとして、あたりに積み重ねた炭の、湿っぽさと、甘酸っぱいにおいに包まれて酔ったような気になる。その暗い土間をとおり抜けて桟橋に出ると、そこは石川島に向いた河口になるから、やにわにキラキラする水の光に射られて眼くるめく。（『こしかたの記』中公文庫、一二一〜一二二ページ）

この「ひいやり」とした感じは、経験しないとなかなか伝えにくいが、エアコンの刺すような冷気とはちがって、身体を通して記憶の底に残るような心地よさなのである。三和土はもっと見直されていいと思う。

脱脂粉乳

昭和三〇年代に小学生であった子どもたちに評判の悪かった給食が脱脂粉乳である。脱脂粉乳とは、脂肪分をほとんど抜きとった牛乳を粉末にしたもので栄養価が高く、長期間保存させるにはもってこいの方法だった。

なぜ、日本の小学校の給食に脱脂粉乳が出されたかというと、アメリカのララ（ＬＡＲＡ）物資が大量に日本に持ち込まれたことによる。ララとはアジア救済連盟のことで、アジアの困窮《こんきゅう》国民を救済する目的で、アメリカの宗教、社会事業団体が組織したもので、アジアの各国に食糧や医薬品を贈った。ララ物資が贈られてきたのは、昭和二一年（一九四六）一一月のことで、翌月二四日、麹町の永田町国民学校に一〇〇トンの物資が贈られ、給食として供された。この日は戦後の学校給食にとって忘れられない日となった。翌年から、都市を中心に学校給食が開始されたが、この学校給食は、子どもたちの健康維持と体位向上に計りしれない貢献をした。そして、脱脂粉乳がなかったら、この学校給食は成り立たなかったのである。

脱脂粉乳は、お湯で溶かして飲むものだったが、多くの子どもたちにとって、なんとかこれを飲み下すのは一仕事だった。わずかにミルクの味はしたものの冷めてくるとなんともいえない味となり、どうやって飲もうかと考えるだけでユーウツな時間となった。

脱脂粉乳を飲んだ世代はこぞってこれが嫌いだが、その世代の中でも学校へいく前に、牛乳なんて飲んだことのない子どもにとってはそれほど毛嫌いするものでもなかった。脱脂粉乳世代は、ララ物資をはじめとしてユニセフなどの支援物資で大きくなったようなものだが、彼らは善意だけで贈ってくれたわけではない。その実態は詳しく分かってはいないが、アメリカは第一次大戦後、大量の余剰小麦を抱えていたため、小麦市況が暴落し、これに大恐慌が加わって多くの中小農民が疲弊《ひへい》していったという歴史があり、余剰小麦をはじめとした農産物を処理し、国際市況を回復させるのはアメリカにとって大きな問題であった。さらに、飢餓救済によって共産主義陣営から守るという役割も課せられていた。ともあれ、学校給食によって日本人の食生活は洋風化への道をひた走ることになったのである。

だるまストーブ

昭和三〇年代後半まであった鋳物製のストーブ。その形がだるまさんに似ていたのでそう呼ばれた。このストーブは学校に多くあった。石炭バケツという石炭を入れるバケツを持って、その日使う分の石炭を小使室に取りにいくのが当番の冬の仕事。子どもには重いので二人で取りにいった。そして火をおこすのだが、それには少しコツがいった。まず新聞紙を丸めてねじり、火をつけながらストーブにくべる。その上に素早く小さな板きれを数枚入れ、板に火がついたら少しずつ様子を見ながら石炭を入れていく。

確かに十数分で石炭に火がついたと思うが、どのくらいストーブの中に石炭を入れるのかが難しい。火の加減を見ながら少しずつ入れているうちに、いっぱい入れてしまうと、ストーブの周りはやたら熱くなってしまうという欠点があった。見当としては、ストーブの半分以下である。当番は燃え具合をよく見ながら、石炭が少なくなったらすぐ新しいのをくべておく必要があった。だるまストーブは、ストーブの周りの子どもはその恩恵を被るが、離れていくにしたがってその恩恵は薄くなっていく、という欠点があった。したがってこのストーブはできるだけ教室の中心にくるように置かれ、またその恩恵を平等に被るようにひんぱんに席の入れ替えが行われていた。

石炭の燃えカスは石炭ガラと呼ばれ、やはり当番が終業後に校内の水たまりに捨てにいった。いまよりも寒かった冬の日、まだまだ一般家庭には暖房といえるものは、アンカぐらいしかなかったので、学校のだるまストーブは、やけに暖かかった。

卓袱台《ちゃぶだい》

おそらく昭和三〇年代まで、日本の家庭では、家族全員が卓袱台を囲んでいた。丸いのや四角いのがあったが、丸いので直径一メートル前後、四角いので四〇センチ×七〇センチとかで、いまから思えば、いたって小づくりである。

この卓袱台に朝と晩、一家はまとわりついてごはんを食べた。いずれにしても狭いスペースだから、そこにのっているものも大したものではない。おしんこに、野菜の煮もの、それにコロッケ（かメンチカツ）ぐらいがのっかっていた、まことにささやかな食卓風景であった。

ささやかな食卓風景を彩ったのは、テレビであった。当時の（いまもそうだが）少年少女は、テレビを見ながらごはんを食べるのが大好きであった。またそのころは、アメリカのホームドラマや西部劇が全盛で、口を開いて見ているうちにささやかな夕食は終わった。テレビの中には立派な食卓と椅子があり、そして冷蔵庫があり、ダイニングキッチンがあり、何だか得体の知れない黒い飲みものをみんな飲んでいた。そして、映画の中のパパやママは、とても優しかった。

そのころの子どもたちは、大人たちの「アメリカ人は、椅子とテーブルの生活だから足が長くなり、背が高くなる」という話をまともに信じた。「そうだ、これからは椅子に座ってパンを食べなくてはいけない」と多くの子どもは素直に思い込んだ。そして、そのようにしていったが、背は思ったほど伸びなかった。

そして、そのころはもう卓袱台はどこかに捨てられてしまい、卓袱台のあった生活のことなんかすっかり忘れてしまった。

停電

昔はよく停電した。現在のようにいちいちテレビの画面にテロップが流れるはずもなく、人びとはしごく当たり前のように受け入れていた。停電はするものである、という認識が子どもにも徹底していて、停電ぐらいでは少しも慌てない。マッチを探し、火をつけて、ロウソクを見つけて火をともす。それでしばらく待っているうちに、突然「パッ」と部屋の中が明るくなり、ラジオも音を出す。それで何ごともなかったように日常は続いていった。

いまでもそうだが、台風のときはことに停電が多かった。現在のように、刻々と移動する暴風雨を伝えるテレビはなく、ただひたすらジッとして通過を待つ。何かの拍子に電気が消えると、外はかなりの暴風雨で、きゃしゃな造作の家はいまにも潰れそうで恐かった。こんなときは一本のロウソクを見つめながらジッとしている以外になかったが、子どもは疲れて寝入ってしまい、寝ているうちに台風は去り、翌朝は、台風一過という好天気であった。停電とロウソクは切り離せず、たいていは家族の誰でもがすぐに手に取れるところに置いてあった。いまではよっぽどのことがない限り、停電はしなくなった。

【ナ行】

抜け裏

幕末の文筆家・喜田川守貞が見聞した時代の風俗をまとめた『守貞漫稿』は、近世風俗史研究にはなくてはならない資料だが、この中に「東西或は南北の街に貫きたるを、京坂にてぬけろじと云ふ。抜け路次なり。江戸にて抜け裏と云ふ。江戸ぬけうら甚だ多し。京坂抜け路次甚だ稀なり」とある。抜け裏とは、とおり抜けられる裏道のことだが、過密な長屋や櫛比《しっぴ》する商家の裏手のことを指した。

元は上方落語であった「お神酒徳利《みきどっくり》」に「抜け裏」のシーンが出てくる。大きな商家の通い番頭の善六さんが、煤《すす》取り（大掃除）のとき、その商家の家宝であった徳利が台所に置かれていたのを、「ここは抜け裏じゃねえか」といって、盗まれるのを防ぐために、水ガメの中に入れておいたことから始まる噺である。つまり、「抜け裏」は裏手であったことから、人どおりが少ないことが分かるし、行き止まりではなく、そこからどこかの大きな道に通じている。現代風にいえば、抜け裏は路地のことである。守貞が抜け裏は江戸が多く、京坂にはまれといっているのは、江戸は武家地が多く、庶民は残りの土地に固まって住んでいたことから住宅の密度が高かったからである。つまり、長屋住まいという小住宅の固まりからは、細かな路地が必然的に生まれたのである。

江戸の川柳に「九尺二間に過ぎたるものは紅のついたる火吹竹」という有名なものがある。九尺二間とは、間口九尺、奥行き二間（一二尺）の長屋の一軒のスペースのことである。間口九尺とは、およそ二・七メートル、奥行き二間とは、およそ三・六メートルのことで、この空間は九・七二平方メートルになり、三坪の空間である。畳六枚しかない。そのうち、畳一枚半ほどは、玄関と台所だから、居住空間は畳四枚半である。いかに江戸の庶民がものを持っていないとしてもこれでは狭いが、若夫婦にとっては狭いながらも楽しいわが家であったのだろう。紅のついた火吹竹、つまり、火をおこすのに若妻は、朝から紅をさし、火吹竹に紅のついたのも忘れて一生懸命だったということだ。

寝押し

何かあらたまった行事にはいていくズボンがしわくちゃで膝が抜けていては、少し具合が悪い。

そのくらいは小学生でも考える。

そこで母親が教えてくれたのが寝押し。ズボンをしわにならないように布団の下に敷き、朝、布団を上げて、ズボンを持ち上げてみると、わずかに二本の線が後ろと前についていて、少しはパリッとした気分になった。むろん、一部の家庭を除いてアイロンなんてものはない。手軽なズボン・プレッシャーが寝押しなのである。

しかし、その効果は一日だけで、夕方になるころにはヨレヨレになっていた。それもそのはずで、子どものズボンはたいてい綿一〇〇％である。買ったときついていた線はすぐとれてしまうのは当然のことだった。でも、ツギの当てていないズボンをはいている子はまだマシだった。中には、膝、尻にツギが当たっている子も珍しくなかった。

寝押しは確かにおカネがかからず簡単であるとはいえ、いくつかのマイナスもあった。ひとつには、タタミの跡がついてしまうこと。ふたつ目は、薄い布団に寝ていると、ズボンのベルトあたりがゴツゴツしていて寝苦しかったのである。そして、寝押しに失敗すると、ズボンによけいに二本線がついてしまって、それをすぐに修正できず、まことに具合悪い状態で行事に参加するしかなくなることであった。

もうひとつの失敗は、寝相の悪さに由来するもので、眼が覚めて布団を上げてみると、ズボンは目もあてられないペシャンコの姿になってしまっていることであった。まあ、おじさんたちは小さいころ、いじらしいことをしていたということだよ。女の子の場合は、中学生になるとセーラー服になって、スカートはヒダヒダのプリーツとなると、毎日の寝押しが大変だったという。

ねんねこ

近ごろでは、弟妹の子守りをしている子どもの姿はとんと見かけなくなった。その昔、冬になると小さな弟妹を持つ子どもは、背中に弟か妹を帯でくくりつけられ、その上にねんねこを着せられた。ねんねことは、ねんねこ半纏のことで、綿入れである。よく日本旅館で出されるどてらの丈を短くしたものとイメージしてほしい。

子守りといっても、おんぶする弟妹といくつも年はちがわないので、ねんねこを着て歩いているとねんねこが歩いているようで少し痛々しかった。子守りは誰でもがさせられたわけではなかったが、商売をしていたり、農家であると、繁忙期には母親が小さい子の面倒を見きれないので、友だちが遊び回っているのを横目にしながらうらめしそうにしていなければならなかった。

遊び場にただ立っていればいいんじゃなくて、背中の弟妹がおとなしくしていてくれるように、適当に場所を移動したりしなければならなかった。できればおとなしく寝てくれれば最高なんだが、相手が乳幼児ではそれも思いどおりにはならない。まだおしめの取れない赤ちゃんだと、ピーピー泣くは、おしっこはするはで始末に負えなくなって、傍目にも気の毒だった。

団塊の世代以降、子守りが見られなくなった最大の理由は、子どもの数が少なくなったからである。団塊の世代で、七人兄弟の末っ子とか五人姉妹の末っ子というのがときどきいるが、彼らの兄や姉は例外なく子守りをさせられた。これだけ子どもがいると、両親は末っ子まで面倒が見きれないので、下から三番目か四番目くらいの子どもが末っ子の面倒を見るという構図になる。昔はそんな光景がどこにでも見られたのである。

【ハ行】

ハエ取り競争

昭和三〇年代のことである。誰が考えついたのか、バッコするハエを退治しようと、小学生にハエ取り競争をさせたことがあった。ハエが増え始める六月から夏休み前の一週間か一〇日間くらい、自分の住む町内のハエ退治に全校の小学生は狂奔させられる。日々、何匹取ったか先生に報告したのである。子どもたちは、多くはハエ叩き（これはいまも売っている）で放課後か登校前に自宅周辺のハエを叩き落とすのだが、家の中に少ない時は、ゴミ箱とかハエの集まりそうな場所で格闘する。確かマッチの空き箱に、叩き落としたハエを詰めて提出したのを覚えている。中にはハエ取りリボンにくっついたものも持ってくる子どももいたし、相当な量のハエが駆逐されたにちがいない。それほどハエがいたということである。そのご褒美に何をもらったのかは記憶にない。たぶん、労いのことばだけだったように思う。

ハエ取りで思い出すのは、戦前にあった「ネズミの懸賞」である。落語「薮入《やぶ》り」の中に、奉公先から帰った息子の財布の中に一〇円札が入っているのを見つけた貧乏な両親は、その額の多さに誰かの財布からくすねたものと誤解し、問い詰めるというシーンがある。そのとき息子は、「ネズミの懸賞」に当たってもらったと、泣きながら説明する。ネズミがペスト菌を媒介するということで、戦前はネズミ捕りがやかましくいわれ、とうとう懸賞金まで出ることになった、ということを背景にした落語である。ネズミを取って交番に届けると番号の入った札が渡され、ある一定の期日がくると当選者には現金が渡されるというものである。

量《はか》り売り

量り売りということばで一番イメージしやすいのは、肉の売り方である。いまでも肉の対面販売では、グラム単位で売っているが、かつては味噌・醤油・酒などが一合とか一〇〇匁単位で売っていた。

たとえば、酒だったら、その日オトーさんが飲むであろう量を一合とか二合買って、持参した一升瓶に入れてもらうのである。毎日晩酌する父親のために、子どもは夕方になると酒屋に走る。酒屋では、菰樽《こもだる》の口を開けて一合升に入れ、それを客の持ってきた一升瓶にジョウゴを使って入れるのである。

なんでこんな面倒くさいことをいちいちやっていたかというと、一升瓶まるごと買えなかったのと、防腐剤が入っていないので保存がきかなかったためだった。味噌・醤油・酢も同様だった。味噌は匁単位で、たいていは一〇〇匁とか二〇〇匁といって注文した。醤油・酢は合単位だった。ビールはどうしたかというと、これだけは当然、一本単位だった。ただし、昭和二〇年代から三〇年代にかけて、ビールは高級品で夏になってもそれほど飲めなかった。まだ一般家庭に冷蔵庫は普及しておらず、貯蔵して冷やすこともなかった。冷えたビールを買うと、一本につき五円ぐらいの冷やし代というのを取られた。

そう、清酒だってそう毎日飲めなかった。たいていは合成酒という代物で、醸造用アルコールに、ブドウ糖かアミノ酸などを加えて清酒らしくしたものだった。味はともかく、いっときの酔いが得られればよかったのである。ウィスキー、ワインは高嶺の花の時代だった。

「トリスを飲んで〝HAWAII〟へ行こう！」というサントリーのCMが有名になったのが、一九六一年のことだった。

この当時、初めて出合ったウィスキーは、トリスという人が多かった。ワインといえば、赤玉ポートワインしかイメージできない世の中だった。

飛行機広告

たいてい日曜日の昼前後、どこからともなく小型飛行機がブーンと飛んできて、拡声器で宣伝文句を流しながらチラシをバラまくことがあった。しかし、一度もチラシを手にしたことがないのでどんな内容だったかは分からないが、注目度だけは抜群だった。本物の飛行機もめったに見ない日々の中で、小さいながらも空をいく飛行機の中からチラシをバラまくというパフォーマンスは、子どもたちにとって、いままでとはちがうことがこれから起きそうな期待感を放つシグナルのようなものであった。

宣伝といえばチンドン屋さんが最も親しみやすく、続いてラジオのCMぐらいが子どもの日常を支配していたにすぎなかったころのことだ。

そんな中でめったにないことだが、ブーンと飛んできて、宣伝文句を叫びながらチラシをまくということは、いままでなかったことで、なんだかうれしかった。宣伝文句は、風に流されて、一部がのびたり、一部が聞こえてこなかったりで、つまるところ、なにをいっているのか分からなかった。

小型飛行機が飛んでくると、子どもたちは一瞬、遊びをやめて空を見つめる。飛行機は何度か旋回して、またどこかへいってしまった。飛行機広告を知る人の中で、そのチラシを追いかけていった人もいるというが、高度が結構あるところからバラまくので、とても追いかけていけるものではなかった。そんなのどかな日曜日のことが記憶に残っている。

日向《ひなた》ぼっこ

「日向ぼこり」が原形で、「日向ぼこ」になり、日向ぼっこになったというのが定説である。それでは「ぼこり」とはなんであるかというと、繁茂《はんも》しているとか、のびのび広がるという意味だという（『江戸ことば・東京ことば』下、松村明、教育出版、一九八〇年）。一説に、誇りの意味ともいわれているが、埃《ほこり》のことではなかった。

ところで、かつては縁側で日向ぼっこというのはどこでも見られた光景であるが、昨今は縁側というのが少なくなったので、陽をあびながら年寄りがうつらうつらしている姿もめったに見られなくなった。さりとて公園のベンチに座ってというのも、なんだかぴったりこない。日向ぼっこはやはり家の中で、というのがふさわしい。

その昔、いまのように暖房がふんだんになかったころは、お陽さまはごちそうであった。いまでも、家を新築したり、借りたりするとき、陽当たりのよさを選定基準のひとつにしているが、これもお陽さまをごちそうにしているからなのである。

日向くさい、ということばがある。日向にずっと当たっていたら、さぞこうなるだろうと思われるようなニオイで、なかなか表現しにくい手合いだが、一種の懐かしさがそこにはある。また、このことばの裏には、ずっと忘れさられていたにもかかわらず、なにかの拍子に陽の目をみたというようなニュアンスがある。

米穀通帳

戦時体制に入るにしたがってあらゆるものが統制され、日常生活物資も配給となっていったが、主食である米もその例に漏れなかった。米穀通帳とは、各戸の構成人員に応じて月々どのくらい配給するかを記入してあるもので、これを米屋さんにいって見せて人数分の配給を受けるときに使った。

昭和一六年（一九四一）、六大都市から始まり、翌年全国に広げられた。この米穀通帳は、各戸の米の配給量を決めたもので、その質は問われなかった。今日のように銘柄で米を選ぶなんてことは考えられず、腹を満たせればそれだけで満足であった。しかし、世の中には、決められた量では足りないし、いい米を食べたいという人は必ずいるもので、その人たちのために流通していたのが闇米。

ことに戦中・戦後は極端に米が不足し、田舎にいって、着物などと交換して闇米を手に入れないと生きていけないので、米を手に入れるかどうかは死活問題であった。ことに戦後は闇米の取り締りが厳しく、各鉄道が乗り入れる駅では、警察の一斉取り締りが行われ、その網の目をくぐり抜けることはまず不可能だった。

足りない分はどうしたかというと、麦を入れたり、サツマイモを混ぜたりして飢えを塞《ふさ》いだ。この飢えを知っている世代は、米粒を粗末にできないのはこのためである。戦後になってもしばらくは米の消費が伸びなかったのは、戦争のため農村も疲弊し、思うように米の生産高が伸びなかったからである。政府の農業政策の基本に、主要穀物の増産が一九七〇年代まで掲げられたのもそのためである。

しかし、昭和三九年（一九六四）ごろから米消費が減少する一方で、生産技術の向上によって、在庫米が急増し、昭和四四年には減反政策が打ち出された。もう米は作らなくてもいいというわけである。こうして米穀通帳は有名無実となり、昭和五七年廃止された。

ホウロウ看板

ホウロウとは漢字で琺瑯のことである。つまり、エナメルのことである。金属の表面に、珪石や長石などで作られたうわ薬を塗り、それを焼成してガラス質のものにすることである。ガラス質になったおかげで耐水性にとみ堅牢となるので、屋外看板に最適である。これは、材質の性質上細かい細工ができないためデザインが明快であるのが特徴である。ホウロウ看板は、昭和に入って大流行し、全国で数え切れないくらい作られ、その中の傑作品がいまではコレクターの間で高値で取引されている。

【マ行】

まほろば

美しいところ、愛すべきところという意味だが、まほらともいう。『日本書紀』に「大和は国のまほろば」という、あまりにも有名なことばがあるが、自分の住んでいるところを称える古語である。

この古語の美しいひびきを今日に活用し、わがふるさとこそまほろばであると、唱える地方が増えてきた。町おこし・村おこしのひとつの表れだが、いままで何気なく見ていた自分たちの住むまちや村をもう一度見直し、いいところを発見していこうという気運となっている。

高度経済成長を機に、農村から大都市へ若者を中心にして移動していったが、多くの人は必ずしもそこでは満たされることはなかった。一方の農村では、過疎に見舞われながらも何とかしてふるさとで生きていこうという決意が、各地で町おこし・村おこしに取り組むきっかけとなっていった。

まほろばは、そのキーワードとなったものだが、長い間失われていたことばが今日よみがえった稀有な例であるだろう。まだそれほど多くの地域でまほろばを唱えているわけではないが、ふるさとを見直す運動は確実に広がっている。そこにある種の日本人の成熟をみるのは早計だろうか。

迎い火

迎え火のことであるが、江戸人は「迎い火」といった。わずか一文字のちがいだが、このちがいが思わず時代を刻することもある。明治四三年（一九一〇）の夏、日本画家・鏑木清方は生涯忘れられない明治の迎い火の景色を見たことを書き残している。少々長いが引用しよう。

小名木川に近い西六間堀の片側町で、軒も床も低い、見るからに湿っぽい家の続いたなかほどに、子供相手の駄菓子をならべた店があった。破れ壁に貼った相撲番附の前に、白髪の老婆が藍色の勝った盆提燈《ちょうちん》を手にしたのと、他に大人と子供の入り交じった四、五人が、いま迎い火の仕度中であった。提燈の灯をうつしたもののようにも見えたが、土器に積み上げた苧殻《おがら》に火がつくと、銀ねずみ色の煙がもくもくと起って戸外に流れ去る。それに咽せたらしく、小さい影が二つ、縁台を放れて飛び退いたのは、どちらとも七、八つの女の子であった。（『こしかたの記』中公文庫、二五六ページ）

清方は偶然とおりがかって、「雨の中に立ちつくして脇目もふらず見ていた」のである。この文章が書かれたのが昭和三〇年代であるから、およそ半世紀前のことを書いたのである。清方はこの光景がよほど印象的だったのか、スケッチをして残しているが、スケッチよりもこの文章のほうがよく情景を伝えている。

明治四三年といえば、間もなく明治が終ろうとしているころだ。明治の子・清方が残しておきたかったのは、懐かしさというよりも、みずからの分を弁えて生きていた庶民のつましい生活の中に、失われてしまった美質のようなものがあったということである。すなわち、迎い火が生活上の風習のひとつではなく、かつては生活とともに身体に刻されてあったことの証左としてこの光景を描写したのであった。

麦こがし

「麦こがし」という駄菓子は、いまもあるのだろうか? 昭和三〇年代までは、子どもたちの駄菓子のひとつであった。大麦を焙《い》って、それをひいて粉にしたものだが、三角錐の紙袋に入っていて、茶色い脱脂粉乳の粉のようなものをストローで吸い込み、舌に乗せるとわずかに甘かった。この甘さは麦そのものから発するもので、抑制された甘さで子どもにはうれしかった。

作家の小関智弘さんが少年時代の思い出を書き残した『大森界隈職人往来』(朝日新聞社、一九八一年)に次のような記述がある。

海苔《のり》のような季節感はなかったが、町の匂いとして子どもごころに深く記憶に残っているものがふたつある。ひとつはムギコガシだった。ムギコガシをつくる工場が、町の東の京浜急行の線路沿いにあった。工場の窓はいつも閉ざされていて、なかを覗き見ることはできなかったが、麦を焦がす香ばしい匂いは、風に乗って町のなかを漂った。ムギコガシは砂糖を入れて練って、落雁《らくがん》になる。

子どものわたしたちは、おそらく落雁にならなかった余りものを食べていたのであろう。少ない子どもの小遣いでも手に入る、ありふれたものを日々食べていたのである。

「麦こがし」ということばは江戸時代には、子どもだましのような人間、という意味で使われていた。落雁になれなかった「麦こがし」が子どものおやつであったというのもうなずける話だ。

メンコ

昭和三〇年代の子どもの遊びの代表的なもののひとつ。厚紙の表には、人気映画俳優、野球選手、力士の絵がカラーで印刷してある。カラー印刷とはいえ、かなりプリミティブで版がズレているのも珍しくなかった。形は、煎餅のような丸形、長方形、正方形とあった。中にはいまの花札ぐらいの小さなものもあった。駄菓子屋でまとめて買ってきて、近所の子どもたちと遊ぶのだが、遊び方はいたって素朴というか原始的であった。

一番簡単なのは、強く叩きつけて相手のメンコを裏返したら勝ちでそのメンコがもらえる、というもの。しかし、どんな遊びでもうまい子とそうでない子が出てきて、メンコが次第にうまい子に集まり始めると、やがてそれは子ども同士のことから大人の問題へと移っていく。いつも負け続けている子は、小遣いをメンコ購入に充て続けていくうちに多くは母親にそれが露見《ろけん》し、おカネの使い方を問いただされるということになる。そうすると母親は学校へ「かくかくしかじか」と現状を訴えると、全校にメンコ禁止令が出て、この遊びは闇に葬られてしまう。

メンコは単純な遊びだが、子どもを夢中にさせた。『ぼくらの三角ベース』（草野のりかず、平凡社、一九八四年）によると、「宮崎や長野ではパッチン、宮城ではバッタブチ、名古屋ではショウヤとも。大阪ではベッタンと言う」というように、日本各地でその呼び名があったという。つまり、この遊びには長い歴史があったことをそれは物語っている。しかし、昭和四〇年代には見かけなくなった。このころ子どもたちはすでに、群れて遊ぶこともなくなりかけていた。

【ヤ行】・【ラ行】

柳行李《やなぎごうり》

柳行李とは、もともとは旅行用の荷物入れだったが、いつの間にか多くは引っ越し用の荷物入れに使われたり、衣装箱代わりとなっていた。大相撲の関取の明荷《あけに》のような大きさと形を想像してもらえばいいだろう。ただし、あれほどしっかりした矩形ではなく、角は丸味を帯びていた。もちろん、名前（四股名《しこな》）などは書いてない。コリヤナギ（ヤナギ科低木）の枝の皮をはいで乾燥させたものを麻糸で編んでつくってあるので、軽くて弾力があり堅牢であったことから荷物入れとなった。

たいていの家には数個あって、着古した衣類が入っていた。昔の学生たちが引っ越し用によく柳行李を使ったのは、当時の学生の家財道具がいたって簡素であったためである。布団と衣類、若干の食器と本を入れると、あとは座り机ぐらいしかなく、リヤカーを借りてくればその日のうちに次の下宿にいけたほどである。猛者になると、柳行李を背中に担いで電車に乗り、次の下宿まで引っ越したという学生もいた。二、三個なら、三往復すればそれで完了してしまった。遠くへ荷物を送るのもこれですましていた。やがて布団袋が現れ、段ボールが登場するに及んで、柳行李の需要も途絶えた。

結《ゆ》い

動詞「結う」の名詞形。つまり、結びあわさったもののことをいう。転じて、共同体において労働力の均等な交換をし、お互いを助け合う、ということに使われている。昭和四〇年代前後の日本の農村では、「結い」の習慣が生きていたが、今日では廃《すた》れた。

「結い」がいい習慣だといわれるのは、限られた村落内の労働力を有効に生かし、それによって等しく恵みを受けるという点である。農作物の収穫時期というのは、大体一定しているが、作付時期を少しずつずらすことによってそれを集中させず、少ない労働力で要領よく収穫していた。村落共同体にあって、特定の家が、ずば抜けて豊かにも、また反対に貧しくもならないように調整していた、ひとつの工夫が「結い」であった。

今日の農村の中には、この「結い」の習慣はほとんど残っていない。代わりに、灌漑《かんがい》用の水路の掃除、畦道《あぜみち》の修理といった収穫作業以外のところで、形を変えて残っている。あるいはまた、自治体が後押しした現代版「結い」として登場しているところもある。

後継者不足の農村では、老夫婦のもとに作物の収穫の人手として、農家に嫁いだ女性たちが、収穫作業を買って出ているという例もある。むろん、労働の対価がわずかだが自治体から支払われる。かつての「結い」とは、姿形を変えているとはいえ、助け合いの精神がわずかながら生きているのである。

雪見障子

コンクリートの箱の中に収められた現代の家では、障子すら珍しいものになってしまった。さらに最近では、畳の部屋すらない集合住宅がある。大森貝塚の発見者として知られたアメリカの生物学者エドワード・モース（一八三八〜一九二三）は三度ほど日本に滞在し、日本の家屋についての著書『日本のすまい・内と外』（鹿島出版会、一九七九年）を残している。この本の記述の中心となったのは、明治一〇年代の日本で、公共建築は欧化が進んでいたものの、大衆の住まいはまだ江戸の面影を残していた。

モースは、障子について、障子の機能的素晴らしさとともに造形的美しさについても触れている。ことに障子が破れたときに、紙を桜や梅の花の形に切り取って当てていることに、日本人のセンスのよさを賞賛している。

さて、雪見障子だが、一般的には、障子の下の部分三分の一ほどが上に上げられるようになっており、上げるとガラスから外が見られるようになっている。つまり庭に雪が降り、その雪を愛でるために障子を上げると、寒気を感じずに雪が見られるようになっているわけだ。まことに風流な仕掛けではあるが、建具として格別手のこんだつくりになっているわけではないので、その気になればどこの家でもつくれた。

なぜ雪見障子が廃れたかというと、そもそも庭がなくては障子を上げて風流を味わうわけにはいかないことから自然と廃れてしまったのだろう。庭は、人工的な自然であるが、現代の建築はそれすらも住まいの中に取りこもうとはしない。いや、庭らしい庭をつくろうとしたら、現代ではかなりの贅沢な事業であるからかもしれない。

雪見障子は、居ながらにして自然を室内に取りこもうという優れた装置である。本格的な作庭が現代では至難とすれば、京都に多い坪庭の発想はかなりいいと思う。坪庭とは、文字どおり一坪とか数坪しかない庭で、都市の庭として洗練された伝統があり、都市の自然として定着しているといえるだろう。

坪庭の発想は、どのような条件にあろうとも自然を取りこみたいという願いが底にある。いじましいといえば、そうだとしかいいようがないが、狂おしいばかりの自然愛がそこにあると思えるのだ。

呼び出し電話

高度経済成長期に入っても、各戸への固定電話の普及はなかなか進まなかった。加入申し込みをしても時間がかかった。したがって、クラスの名簿をつくっても、半分以上に電話はなかった。電話のあった家は、商家か裕福な家ぐらいで、むしろ電話のない家のほうが多かった。

学生時代になると、クラス名簿やサークル員名簿に（呼）という記入が増えていった。これは「呼び出し電話」のことで、下宿先、あるいはアパートの管理人室の電話番号であった。呼び出されてもアパートの場合、さほど気がねはいらないが、下宿の場合だとかなり気を遣った。もちろんかけるほうも受けるほうもそうだった。ことに男から女へ、逆に女から男へとなると、双方気を遣った。たいてい用事のやりとりぐらいですませないと、下宿の大家さんが嫌な顔をするからだ。若い男女が電話で恋をささやけるようになるのはもっと先の話である。（呼）電話はかけるほうも受けるほうもわずらわしさがあるので、切羽つまらないとかけないのがお互いの常識だった。その電話がやがて一家に一台から携帯電話の一人一台となってしまうなんてことは、当時は想像すらできなかった。

羅宇屋《らおや》さん

羅宇《らう》とは、東南アジアのラオスの音訳で、ラオスから輸入されていた黒斑のある竹のことを指した。ふつうはラオ屋といっていた。かつて江戸時代には、刻みタバコだけしかなく、今日主流の巻きタバコというものは明治以降の産物である。

刻みしかない時代にタバコを吸う人は、キセル（煙管）の雁首にタバコをつめ、吸い口から吸ったわけだが、雁首と吸い口の間にあった竹にこのラオス産のものがよく使われた。タバコを吸う人はすぐに分かるが、この竹の中にヤニがたまり、放っておくと著しく味を損ねることから、雁首のヤニを掃除したり、キセルをすげ替える人を羅宇屋さんといった。

羅宇屋さんは、リヤカーに小ぶりのタンスのようなものをくくりつけ、もうすでに老人しか使わなくなっていたキセルの掃除をしていた。もちろんキセルの掃除は、自分でもできないことはなかったが、ヤニがたまるとかなり不快であり、かなりたまってもうすげ替えたほうがいいとなると商売人に頼むしかなかったので商売としても成立したのだろう。

羅宇屋さんはいつも「シューッ」という蒸気の音をたてててやってきた。この蒸気は、ラオをすげ替えるときに使ったらしく、羅宇屋さんというと、この蒸気音を思い出す。いまや羅宇屋さんは絶滅してしまっただろう。あるいは、失われつつある記憶をわずかに呼び出す役割でしかなくなってしまった。

羅宇屋さんが出てくる映画に、徳田秋聲原作・成瀬巳喜男監督の「あらくれ」（一九五七年）がある。大正時代のまちの風景を描写した中に出てくる。

ちなみに、羅宇屋さんの売り声は、作家の安藤鶴夫さん（一九〇八～六九）によると「ええらおやァー、すげかえ　ええ　らおのすげかえ……」というものだったという。

リヤカー

アルファベットで綴るとrear car。rearとは、後部のという意味で、なるほどリヤカーはその昔、自転車の後ろにつけて荷物を運ぶようになっていた。トラックが高価だったころ、商品の運搬にはもっぱら重宝したものである。それがいつの間にかまちの中から消えたが、未だに、リヤカーを作り続けている所がある。足立区のムラマツ車輌である。年間一〇〇〇台は作るというから大したものである。

ところでリヤカーのオリジナルはどこで生まれたのだろうか。その利便性というか改良志向からすると日本オリジナルではないかと想像できた。そして、やはり、大正初年に日本で考え出されたものであるということが分かった。リヤカーも和製英語で、第二次大戦後まで商店や農家で広く使われていた。リヤカーを考えついたのが誰か分かっていないが、この改良・改善力はすごいではないか。自転車につけることによって、車輌としての機能を何倍かに広げたのである。改良・改善の部類とはいえ、発明者の名前が残っていないのは残念である。

三　季節を彩る日本語

【季節の名称】

啓蟄《けいちつ》

冬の間地中にひそんでいた虫が巣穴からはい出てくるころで、二四節季の一つ（だいたい三月六日ころ）。それをねらって枯れ草を焼き払い、灰を新しい草の芽吹きの肥料にするのが「野焼き」である。最近は田畑、川原や草原の雑草を焼き払う光景を目にすることもなくなってしまったが、春の訪れを待つ人びとにとってはとても大事な行事である。

虫がはい出てくるのであれば、草花たちも土中から顔を出す準備をしている。特に雪で覆われた北の大地では「早く雪が溶けないものか」とふきのとうが出番を待ち望み、庭のチューリップや水仙たちも整列していっせいに登場したりとわくわくするころなのである。啓蟄の啓の字は「開く」の意味、また蟄の字は冬、虫が土や穴などに隠れて活動をやめている状態を表わし、漢字にも「こもる」「かくれる」の意味がある。

小春日和

陰暦一〇月ころの暖かい春のような日和のこと。陰暦一〇月とは、今日の暦でいえば一一月。秋が過ぎ、冬といってもいいくらいのころに、急に暖かくなる陽が続き、春のような暖かさが訪れることから小春日和といわれている。英語にも似たような表現でIndian summerというのがあるが、ただしこれは一〇月から一一月にかけてのことである。

季節は確実に冬に向かっているにもかかわらず、それを忘れるような暖かさでしばしホッとするような僥倖である。昭和三〇年代の東京を小春日和の時代といったのは、作家の川本三郎だった(『ビジュアルブック江戸東京4―昭和30年東京ベルエポック』岩波書店、一九九二年)。

昭和三〇年代といえば、ようやく戦後の痛手から立ち直り、人びとが落ち着いた生活を取り戻し始めた時期だった。昭和四〇年代に始まる高度成長はまだ経験していない。東京を大改造したのは、昭和三九年に開催された「東京オリンピック」に向けた高速道路の建設をはじめとした工事の数々であったが、それ以前の東京は「戦後の混沌《こんとん》と都市改造の混沌とにはさまれた、比較的穏やかな時代だった」(川本三郎)。これを称して川本氏は「小春日和の時代の東京」といっているわけである。

この時代を経験していない人には実感としてつかみにくいことだろうが、いまあってその当時なかったもので想像してもらうと、まず高い建物といえば都心のデパート、銀行、大企業の本社ぐらいだったし、自家用車はほとんど走っていなかった。スーパーマーケットはまだないし、コンビニなんかはなかった。表通りは舗装されていても、路地に入れば土の道だった。そして、ほとんどが貧乏だったが、「今日よりも明日にかけよう」という明るさがあったように思える。

三寒四温《さんかんしおん》

三月は冬から春へと大きく変化していく時期で、寒い日が三日、そのあと暖かい日が四日続くなど寒暖の交替現象が繰り返されることを文字どおり「三寒四温」という。朝鮮半島や中国北部では、冬にシベリアから吹く北西季節風とこれを緩和する華北、モンゴル方面からの大陸性低気圧とが一進一退して、周期的に寒暖の変化を起こすことが、日本に伝えられて、三寒四温というようになった。

おそらく昔の人は、春が近づきつつあることの実感としてこのことばをとらえていたにちがいない。春めいてきても、寒い日があったりすると「三寒四温、三寒四温」と唱えながら、なんとか寒さをやり過ごしていたにちがいないからだ。三月も半ばすぎると、南から花の便りが届き始め、そのうちお彼岸となると、もう春は目の前である。春になるとなんで気持ちがうきうきするのだろうか、不思議だ。

二月は大学入試、三月は学校の卒業式のシーズンである。下旬にもなると、新入社員がやって来る。二月から三月にかけては、こうした社会的行事が目まぐるしいために、季節の足取りもハイペースに感じる。かくして、この時期、人びとは著しく移り変わるのである。中国の詩人もいっているではないか。「年年歳歳花相似たり　歳歳年年人同じからず」と。

黄昏《たそがれ》

誰（た）そ彼（かれ）で、薄暗いために誰が誰なのか判断がつかない夕暮れどきのこと。昔は、この時間には悪霊《あくりょう》や妖怪《ようかい》などが出ることから「逢魔時《おうまがどき》」ということばも登場した。漢語の黄昏には古くからこの「たそがれ」を当てている。

古くは「誰そ彼」であったというのは、なんとも奥床しい。文字どおりの「誰だろう、あの人は」という意味で、「誰そ彼」と試みに唱えてみると、何とはなしに古代人と気持ちが通じる。夕闇迫る古代の道を歩いてくるのは愛しい人であるかもしれない。それは心の中で「誰そ彼」とつぶやく、恋人を待つ乙女であったかもしれない。もしそうであったとしたら、歌垣にまで通じる古代人のおおらかさや純な気持ちの表現のひとつかもしれないと考えられ、気宇壮大な思いに駆られる。しかし、実際は、夜に人が移動するのはかなりのタブーだったことが分かり始めているので、むしろ誰何《すいか》する意味で「誰そ彼」といわれたのかもしれない。

しかし、このことばが例えば「人生のたそがれ」などと使われると、いささかその思いは鼻白むが、必ずしもマイナスのイメージで「たそがれ」がとらえられているわけではない。一九八一年、マーク・ライデル監督による「黄昏」（原題On Golden Pond）は、主演がキャサリン・ヘップバーン、ヘンリー・フォンダとジェーン・フォンダの親子で、夫婦とは、親子とは、家族とはなにかを描いた秀作だった。この原題の中にGoldenと入っているように、「人生のたそがれ」は必ずしもマイナスのイメージではなく、輝くようなイメージでとらえられている。それを邦題では「黄昏」と訳したのは大正解であった。

趣は少しちがうのが、二〇〇二年に公開された山田洋次監督の「たそがれ清兵衛」であろう。病妻の世話のために夕方になると、いそいそと帰ってしまう下級武士のいわば純愛映画であった。かなりの腕を持ちながらも、それを出世の糸口にするなど露ほども考えない、家庭を大切にする侍の話であった。こういう下級武士がいてほしい、あるいはたぶんいただろうということを考えさせる映画であった。

玉響《たまゆら》

玉がかすかに触れ合う「幽《かす》かな」音から、『万葉集』に「たまゆらに昨日の夕べ見しものをけふの朝《あした》に恋ふべきものか」とあり、「一瞬」「ほんのしばらく」という意味。

しかし、この「たまゆら」ということばは、音のひびきがいいことから現代でもよく使われそうだが、さにあらず、日常的には使われることはない。ただひとつ、鹿児島の芋焼酎に「玉響」というのがある。それほど有名ではないが、結構うまい芋焼酎である。

釣《つる》瓶《べ》落《お》とし

秋の日の暮れやすいことを、深井戸に釣瓶がまっすぐ落ちていくさまにたとえていて、秋の落日と同じ意味。水原秋桜子の句に「釣瓶落としといへど光芒しづかなり」とあるが、なかなかの名句である。たんに季節の移り変わりの描写だけにとどまらず、かつまた光の移ろいゆくさまは時間の描写にとどまらず、それを見つめる人の逝きし来しかたも映しだしている。

例年であるならば、旧盆が終わり、夏の高校野球が終わったころ、わたしたちは陽の短くなったことをにわかに知る。朝夕には、やや暑さも衰え、さわやかな風が吹く。そのころにはもう、稲穂が黄色くなっている。あの、腹立たしくも暑かった夏は終わりかけている。残暑はしばらく続くが、九月も中旬になると、陽は「釣瓶落とし」のようにかげってくる。釣瓶はおろか、井戸すら都会からは消えたいま、季節の移ろいの表現のこまやかさは、果たしてどのように伝えていったらいいのだろうか。

土用

立春、立夏など季節が変わる前の約一八日間をいう。天地は木火土金水の五元素から成り立っているとする古代中国の思想、五行説から生まれたもので、四季と五元素との対応に苦慮した結果、春は木、夏は火、秋は金、冬は水を割り当て、それぞれの季節の終わりの一八日間を土がつかさどるとしたもの。

現在では、夏の土用以外はほとんど忘れ去られている。気温が三〇度を越すような夏の暑さを代表する土用の期間には、暑中見舞いのほか、衣服や書物を日光にさらす土用干しや土用餅、土用しじみ、土用のうなぎを食べて体力をつけるなど、昔からさまざまな習慣があった。特にうなぎは夏バテに効くといわれるだけあって、非常に栄養価が高い。

そこでうなぎの蒲焼きの話。「裂き三年、串打ち三年、焼き一生」といわれるほど、蒲焼きの調理は難しく、関東と関西では調理の方法がちがっている。関東は背開き、関西は腹裂きである。

また、土用波とは太平洋岸に押し寄せることが多いうねりの高い波をいい、南方洋上に台風が発生したときに起こる現象で、立秋のころの前一八日間の土用に起こる。土用波は夏の終わり、秋の知らせでもある。

麦秋《ばくしゅう》

近ごろでは、農村部でも稲の収穫後、麦を播《ま》かなくなったので、麦秋の光景を見ることは少なくなった。麦秋とは、秋に播いた麦が翌年実って取り入れごろになると黄色くなることを指す。ちょうど初夏のころ、麦畑は秋のように一面が黄金色になる。この光景が大々的に見られるのは北海道である。麦秋の見事さを経験したかったら北海道にいくべきである（ただし、北海道の麦秋は七月である）。見はるかす一面の麦畑が黄金色にそよぐさまは爽快で、本州では見られないだろう。

ところで、麦秋といえば、小津安二郎の映画にその名のとおりの「麦秋」があった。一九五一年の作で、家族の世代交代がテーマであった。夫婦の間に子どもが生まれ、その子らが成長し、夫婦は老いていく。さらに時間が経ち、子らも親になり両親と同じように老いていくという、世代交代の繰り返しをつつがなくしていくことこそが生きる本質ではないかということがテーマであった。監督の小津は、この映画について「輪廻《りんね》」ということをいっているが、映画のラストシーンに、主人公（原節子）の両親が嫁いでいった娘のことを按じながら、外を見ると、麦秋の中を花嫁行列が通っていく。それを見つめながら父親は、「おい、ちょいと見てごらん。お嫁さんが行くよ」とつぶやく。麦秋は、終わりを意味し、花嫁行列は始まりを象徴していたのである。

　現実的にはもはや見ることの少なくなってしまった「麦秋」だが、そのイメージの豊かさから、残っていくことばのひとつといえるかもしれない。

八十八夜

　立春から数えて八八日目の日にあたり、五月二日か三日をいう。八十八夜の前後、移動性高気圧が通過するため夜間急に気温が下がり、山沿いの農地では霜の被害を受けることもあるが、これ以後は霜が降りることもないので、この霜を晩霜、または「八十八夜の別れ霜」という。それ以降は土も温かくなるので、日本の農家では古くから種播きの時期の目安にしてきた。

　八十八夜といえば、「夏も近づく八十八夜　野にも山にも若葉が茂る　あれに見えるは茶摘みじゃないか　赤いたすきにすげの笠」。歌にもあるように、新茶の摘み取りが始まるのはこのころで、その年に伸びた新芽のうち、この時期に摘まれるものを一番茶といい、最高のうま味がある。一番茶の次は六月下旬に摘む二番茶、七月下旬に摘む三番茶になると、うま味成分のアミノ酸が少なくなってくる。

　茶を日本に広めたのは、臨済宗の開祖・栄西《えいさい》（あるいは明庵栄西《みょうあんようさい》ともいう。一一四一～一二一五年）とする説がもっぱらで、一一八六年、二度目の入宋《にっそう》の帰りのとき（九一年）、中国から茶の種を持ち帰ったというのが定説である。しかし、八〇五年に最澄が唐から帰朝したときにも持ち帰り、畿内《きない》、近江《おうみ》、丹波《たんば》、播磨《はりま》などに広めたという記録があるという。

栄西が茶祖といわれるのは、とりわけ製茶法をもたらしたからだという。栄西が宋に留学しているころ、現在と変らぬ製茶法が生まれており、それを日本にもたらした。さらに、栄西は、宋で学んだ禅と茶、医薬の知識を『喫茶養生記』に著し、茶の効用を広めたことも、名を挙げるのに役立った。

今日一般的な煎茶の歴史は、一七三八年に宇治の永谷宗円によってつくりだされた製法（蒸した茶葉を手で繰り返し揉む）に始まる。玉露をはじめとする緑茶は日本独自のもので、それまでは中国伝来の釜炒り茶（生葉を直接釜で炒り、炉で乾燥させる製法で、佐賀県の嬉野《うれしの》茶にこの製法が残っている）が、平安時代以来飲まれていたが、江戸時代中期に初めて今日まで続くオリジナルな炒り方による茶を飲むようになった。

ところで、夏のペットボトルでは飲料メーカーが毎年、新しい緑茶飲料を次つぎと投入している。若い人にとっても夏の緑茶は、ウーロン茶に負けない定番となっている。

【雨の名称】

狐の嫁入り

『日本俗信辞典』（鈴木棠三、角川書店、一九八三年）によると、「狐の嫁入り」には四とおりの説があるという。もっともポピュラーなのは、日が照っているのに突然降ってくるとおり雨のことで、狐に化かされたような感じを受けるところからこう呼ばれた。この説は、全国のかなりの地方にあるという。

第二の説は、夜間の光の明滅のことである。新潟県中頸城郡のものは、山中にいる狐が提灯をつけたり消したりしているようだからという。この情景は、黒澤明の映画「夢」（一九九〇年）にも出てくる。

第三の説は、虹の異名として熊本にあり、第四の説は、晴天なのに急に霰《あられ》が降るというもので愛知県にある。

「狐の嫁入り」にとどまらず、狐についての俗信がかなりあるのは、それだけ人間との関わりが深かったということだろう。しかし、もはや記録の中にしか俗信がなくなってくると、このような含蓄のあるいい方もやがて消え失せてしまうかもしれない。

小糠雨《こぬか》

まず、こぬかが分からないと、どんな雨のことだかイメージしにくいだろう。こぬかとは、玄米をついて白米にするとき、薄い表皮が細かく砕けて粉になったもの。脂肪分を含んでいるためやや粘り気のある黄色っぽい粉状のものである。ぬかともいい、野菜の漬けものには不可欠である。ぬかは、その昔、石けんの代わりにしたり、木の廊下や柱をツルツルに磨くとき使われた。ぬかは、昭和三〇年代まではごく日常的な代物であった。小糠雨とは、かなり細かい雨のことをいうので、霧雨ともいう。

かなり古い歌だが、台湾出身の欧陽菲菲のヒット曲に「雨の御堂筋」（作詞・林春生、作曲・ベンチャーズ、一九七一年）というものがあるが、出だしが「小糠雨降る　御堂筋……」であった。

五月雨《さみだれ》

旧暦では五月だが、現在では六月の梅雨時期に降る雨のことをいう。「さ」は「さつき」の「さ」と同じ、あるいはイネの植え付けを意味し、「みだれ」は水垂で雨を意味する。「五月雨」は長雨である。稲作に不可欠の長雨であるが、湿気が多いので、蒸し暑く、まことにうっとうしい。しかし、この雨がなくては稲は育たない。生長の過程でのこの長雨、まさに恵みの雨とはいえ、農の風景が消えた都会では嫌われるし、地盤がゆるんで土砂崩れが起こるのもこのころである。自然のことゆえ、災害と無縁に適度に降るという具合にはいかず、毎年どこかで不運が襲う。

芭蕉の名句に「五月雨をあつめて早し最上川」がある。まことにこの雨の勢いをうまく描写しており、最上川の舟運もしばし取りやめになったであろうことがうかがえる。「五月雨」ころの川留めに難渋する人たちのことを描いたのが、黒澤明脚本、小泉堯史監督の「雨あがる」（一九九九年）であった。長びく雨のために川留めとなった船宿では、さまざまな諍《いさか》いが起こる。長くなればなるほど路銀《ろぎん》が底をつく。その災難を禁じ手の賭け試合で救った浪人夫婦の話であった。黒澤明のヒューマニズムがそこはかとなく表現されていた佳作であった。雨が上がり、旅人はそれぞれの目的地に旅立っていくが、そこに陽がさしてきて、雨が止んだことの安堵《あんど》とともにいつものそれぞれの生活が始まっていく。

慈雨《じう》

日照り続きのときに降る雨のことで、作物や人に生気をもたらす。「慈」は恵の意味があることから、まさに恵みの雨という意味である。

「干天に慈雨」ということばにもあるとおり、かつて旱魃《かんばつ》は飢饉《ききん》をもたらすものとして大変恐れられていた。本来、わが国は水に恵まれていたものの、昔は灌漑技術が未発達であったため、干天になると雨が頼りであったので、このようなことばが生まれたのである。雨を招来するために、いまも各地に雨乞いの行事や龍神伝説が残っているのもそのためである。わが国最大の石造水路橋である、熊本の通潤橋《つうじゅんきょう》は、江戸末期のすぐれた灌漑施設のシンボル的存在となっている。

戦後になって灌漑技術も進み、旱魃に見舞われるところはほとんどなくなったが、これは世界でもまれなことで、水の供給に苦しむ国は多い。しのびよる人口爆発に対応するには、豊富な水(農業用水)がキーポイントだが、水の供給は一朝一夕にはいかない。水の問題をかかえているのは、アメリカ、中国がおもな国だが、食糧自給率(エネルギーベース)四〇%の日本にとっても他人事ではない。なぜならば輸入食糧に頼らざるをえない日本は、食糧輸出国の水事情とは、無縁ではいられないからだ。つまり、輸出国の水(と農地)を消費していることになるからだ。

一方、砂漠化がアフリカを中心に進行しているが、元来、水質源に乏しい地域なので灌漑設備の供給だけでは解決しないなどのさまざまな問題をかかえている。ここでは「慈雨」ということばが死活的問題として、いまもある。

時雨《しぐれ》

晩秋から初冬にかけて、降ったかなと思うとすぐに晴れる一時的なとおり雨。シベリアから日本海を渡って吹いてくる風が海上で温められ、水分を吸収して積雲をつくる。これはいくつもの小さい雲の塊に分かれた下層雲だが、風にのって日本海沿岸にまで達したときに大きく成長しているので、にわか雨を降らせる。旧暦の一〇月、いまの一一月は時雨月ともいう。これは日本独特のもので外国にはない。京都の北山時雨が有名である。

松尾芭蕉は、元禄七年（一六九四）、旧暦の一〇月一二日、大阪で没したが、その命日を呼ぶ名のひとつに時雨忌というのがある。死の四日前に吟じたのが「旅に病んで夢は枯れ野をかけめぐる」という句であった。五一歳だったが、諦観とともにさぞ口惜しかったことがこの句からうかがえる。当時としては、平均的寿命だったろうが、芭蕉にはまだやり残したことがあり、それは無に帰したのである。芭蕉忌として伝えられているのはほかに、翁忌、桃青忌《とうせいき》がある。

時雨ということばを使った代表的なものに、蝉しぐれがある。これはあちこちで鳴くセミの声を時雨の音にたとえていう。また、佃煮のしぐれ煮は、はまぐりなどの貝のむき身をショウガなどの香味を加えて溜《たま》りで煮しめた食品。菓子などには、時雨饅頭《まんじゅう》、時雨羊羹《ようかん》というのもある。

ひびきが美しいので、小説のタイトルにも使用されることが多い。中里恒子『時雨の記』や藤沢周平の『蝉しぐれ』というのがある。後者は、二〇〇五年秋、黒土三男監督による映画「蝉しぐれ」として公開された。

驟雨《しゅうう》

急に降りだしてまもなくやむ夏の雨。落語「天災」の中に、驟雨らしき描写が出てくる。「馬の背を分けるようなにわか雨」というもので、馬のたてがみが急な雨にぬれて左右に分かれてしまったほどの降りだったことに対して誰に文句をつけられるか、という問いの中で出てきたもの。答えは、天災だから仕方ないのであきらめなさいというものだ。

このように、ほんのいっときならば傘はいらないだろうと、たかをくくって歩いていると、にわかに空はかき曇り、雨宿り場所を探しているうちに前が見えないほど降り込められるのが「驟雨」である。三〇分か一時間も雨宿りをしていれば、そのうち元の晴天に戻るのだが、忙しい身にはそんなこともいっていられないので、雨中を駆け出してズブぬれとなってしまう。こんなこと一夏に、一、二回はあるだろう。しかし、最近は「驟雨」なんてことはいわず、季節を問わずにわか雨ですましているようだ。

このことばをそのまま小説のタイトルにもってきて有名なのが、吉行淳之介の芥川賞受賞小説『驟雨』（一九五四年）である。

春雨《はるさめ》

旧暦三月に降る、しっとりした細雨で草木を芽吹かせ、花のつぼみをほころばせる雨。温暖前線の接近から生じる雨で、絹層雲や高層雲が広がってしとしと降ってくる。

「春雨」はまた、春の訪れの合図でもある。都会でもほこりっぽかった地面に、ポツリポツリと「春雨」が降ってくると、一瞬、土ぼこりが大気中に舞い、かすかに乾いた土ぼこりの匂いがしてくる。また「春雨」は心なしか、暖かい気がするのは気のせいにしても、針のように細くても刺すようなものではない。それはまるで糸のようでもある。

この雨で大地は潤う。冬中、固くしまった田や畑がしっとりと濡れてくると、耕耘《うん》のときだ。トラクターが一日中、田を起こし始めると、土中から眠った土が現れ、春の大気にさらされる。

「春雨じゃ、ぬれてまいろう」という月形半平太（土佐勤王党の指導者・武市瑞山がモデルといわれている）のセリフも「春雨」だからこそいえるのである。京の夜の町を祇園の芸奴雛菊と連れだって歩いているからこそのセリフなのである。春の雨は、多少の降りでも苦にならず、浮いたセリフが出るのも、やはり季節が春だからなのである。

また、はるさめという食品は、緑豆《りょくとう》を原料とした、春雨に似せた細くて透明な線状の食品のことである。

【雪の名称】

淡雪《あわゆき》

春になってから降ることが多いので、「春の淡雪」といわれるのが一般的である。しかし、万葉集では沫雪とあって、多くは冬に詠まれた。「淡雪」といわれるように、降ってもすぐ溶けてしまう雪で、ヒラヒラと空から舞い降りてくるさまは幻想的である。午前中に降っても、気温が上がってくるとすぐにとけ始めてしまう雪もある。

風花《かざはな》

詩的なひびきがあり、なにやら物語が生まれてきそうなことばである。晴れているのに、風にのって舞うようにちらついて降る乾いた雪のこと。あるいは、晴れた日に、積もった雪が風に舞うさまをいう。ともに寒いが穏やかな日中のできごとで、雪の舞い方が小さな花のようにキラキラと輝いて美しかったことから名づけられた。

前者の場合、気象学的には、遠くの山で風まじりの雪が降ると、上層の軽い部分がふもとまで吹き飛ばされてくる現象であるという。遠くの山からの贈り物というわけである。こちらのほうがことばとしてはロマンチックである。

二〇〇五年一〇月から始まったＮＨＫの朝の連続テレビ小説「風のハルカ」の主題歌は「風花」。作詞・作曲は、シンガー・ソングライターの森山直太朗で、歌うのも彼だった。

蛍雪《けいせつ》

雪の特徴を表わすことばではなく、「蛍雪の功を積む」などと表現し、苦労して学問をするという意味である。晋《しん》の車胤と孫康との故事で、貧乏で油が買えなかった車胤は袋に蛍を集めてその光で書を読み、一方の孫康も貧しかったため、雪明かりで書を読んだことから、貧乏に負けず勉強をしたことをいう。

卒業式に多く歌われる「蛍の光」は、スコットランドの民謡詩人ロバート・バーンズが一七八八年に発表したAuld Lang Syneが原曲。バーンズは、スコットランドに伝わる民謡に詞をつけた。英米で送別歌として普及したのにならい、一八八一年、「小学唱歌集初編」に入ったもの。「蛍の光　窓の雪」と冒頭で歌われるのは、車胤と孫康の故事にならったものだが、訳詞者は誰だかよく分かっていない。

「蛍の光」の訳詞は、明治の香りのするとてもいい詞だが、現代では意味が通じにくいところが多少ある。しかし、歌い続けているうちに、それも解消されるはずである。卒業式ではどのくらいの学校で歌われているのだろうか。

なごり雪（名残の雪）

もう季節は春だというのに、冬の名残りのように降る雪のこと。別名、忘れ雪とも雪のはてともいう。しかし、このことばを広めたのは、シンガー・ソングライターのイルカが一九七六年に歌った「なごり雪」（作詞作曲・伊勢正三）だろう。テーマは、別れである。

七六年当時、すでに学園闘争の火は消え、長かったベトナム戦争も前年に終結し、一見のどかな日常が続いているようだった。このような中で「なごり雪」は大ヒットした。東京に残る男と故郷に帰る女が、汽車の外と中でことば少なに別れを惜しんでいる、というのが基本的なシーンである。この歌は、誰しも経験する出会いと別れ、ことに別れの甘酸っぱさが若い女性の心をとらえたといわれている。「なごり雪」は、ぎこちない別れで終わる叙情フォークの傑作だが、その基調に流れていたのは、同じく実らなかった恋を歌った「四畳半フォーク」の代表作「神田川」（作詞・喜多条忠、作曲・南こうせつ、一九七三年）と同じものだった。この当時、別れに涙する感性はまだ圧倒的な大衆の支持を得ていたのである。毎年、三月の卒業式シーズンになると、どこかのラジオで「なごり雪」が流れる。

六花（むつのはな・りっか）

雪の結晶の異名である。日本は世界の中でもたいへん雪の多い国だ。江戸時代末期、雪の結晶の観察を三〇年に渡って行った殿様がいた。下総《しもうさ》国古河城主・土井利位《どいとしつら》（一七八九〜一八四八）である。蘭《らん》学者であった家老の鷹見泉石《たかみせんせき》の影響を受け、自然研究に関心をもち、雪の結晶を図示した『雪華図説』を出版した。ほぼ同じころ、越後の文人・鈴木牧之《ぼくし》（一七七〇〜一八四二）は雪国の暮らしや面白い話を集録した『北越雪譜《ほくえつせっぷ》』を出版している。昭和の人では、雪の結晶の研究で知られる中谷宇吉郎（一九〇〇〜六二）のことは忘れられない。中谷の『冬の華』『雪』は名著である。

ところで、めったに雪の降らない都会が雪に覆われると、交通機関が打撃を受ける。また、降雪量の多い地方では、積雪は災害や不利益を生む。玄関、一階部分が埋められて、除雪作業が進まず、外出がままならない状態になる。大雪、吹雪の日などは、場所によっては車の運転が困難になる。

映画に写し出される雪のシーンはロマンチックで、神秘的ですらある。倉本聰脚本のテレビドラマ「北の国から」は完結してしまったが、放映中は好評だった。あの富良野の素晴らしい四季の風景は大きな見どころだった。映像でも吹雪のシーンは何度も登場していたが、本当にあのとおりなのだ。しかし、翌朝の晴れ渡った空の青さと、光の粒子を反射させて輝く白の世界は美しい。昨夜の吹雪はどこへやらで、苦笑いするしかないのだった。

【風の名称】

風の盆

九月一日から三日、富山県八尾町で行われる民俗行事。そのルーツは、盂蘭《うら》盆会の祖霊を祭る行事と、風害を防ぎ豊作を祈る祭りとが習合したものといわれている。風の盆の三日間、町民はおとなも子どもも浴衣に編笠姿で、二、三〇人のグループをつくって、三味線、胡弓、太鼓に合わせて越中おわら節を歌いかつ踊り明かす。ことに胡弓の哀調を帯びた素朴な旋律が聴く人の胸を打つ。

近年、「風の盆」が、控え目でありながらも格調の高いことが全国に知られ、観光客でいっぱいになる。人口二万人の町が、三日間で二〇万人に膨れ上がるという。

観光客が、一、二年先の予約をしてもなお、この祭りに参加したくなるのは、旅行会社の宣伝のためばかりではない。もうすでにわれわれが失ってしまったであろう魂の琴線《きんせん》に触れているからなのである。「風の盆」は土俗的と評価されることがあるが、こうした見方は外から見た感じ方以外の何物でもない。当事者は、祖先から受け継いだしきたりを各家庭で守り、地域でそれを守っていこうという意志がそこにある。こうした目に見えない紐帯《ちゅうたい》が分解してしまうと、祭りの担い手もいなくなる。

東京都内でも、大きな祭りを除いて担い手が減少しつつある。夏祭り・秋祭りとなると、「御輿《みこし》の担ぎ手募集！」のポスターが町内に貼られるのは珍しいことではなくなった。もはや町内だけでは、祭りの担い手が充足できなくなっているのだ。それに比べて、観光化が著しい「風の盆」とはいえ、まちぐるみで行事が行われているのは評価すべきことではないだろうか。

東風《こち》

春、東または北東から吹いてくる強い風で暖かい。「こち」と読ませるものとして有名なのが、都から九州大宰府に流された菅原道真が歌った「こち吹かば匂ひおこせよ梅の花あるじなしとて春な忘れそ」という和歌。歌の意味は、都においてきたわたしがいつくしんだ梅よ、わたしがいないからといって東風が吹いたら、春を忘れずに匂いいっぱいに咲いてほしい、というもの。遠く流された九州でも東風が吹いてきたからには、やがて都にも吹くにちがいないからだ。

春風とは待ち遠しいものである。冬が長ければ長いほど、春風はありがたく、うれしいものである。ただし、「こち」は強い風なので少々困りものである。かつて舗装率がいまほどではなかったころは、暖かくなったのはうれしいものの、日常生活には迷惑なものだった。洗濯物は汚れるし、部屋はザラつくし、目にゴミが入るしと、道真の和歌ほど叙情的ではなかったからだ。最近では、スギ花粉を運んでくる大変な厄介者でもある。

野分《のわき》

秋から冬にかけて野の草を吹き分けるようにとおり過ぎる風のこと。芭蕉の句の「猪もともに吹かるゝ野分かな」がある。猪も飛んでいってしまうほど強い風だといっているが、これはあくまでたとえ話。しかし、まち中はともかく、一面の草原であったなら、さもありなんと思えるのがこの風。

ところで、映画はこの風をよく利用してきたのである。少し古い映画になるが、小林正樹監督の「切腹」(一九六二年)。自分の娘婿《むすめむこ》を、武士道をいささかも顧みずに死に至らしめた三人の侍に対する報復劇がテーマだったが、その一人との決闘が強風の草原の中であった。あるいは、黒澤明「用心棒」(一九六一年)のラストシーンの宿場町の決闘シーンにも、風が舞っていた。野分にとどまらず、風の文学的表現には限界があるにしても、映画ではそのシーン効果を上げるのになくてはならない代物だ。風が強ければ強いほど、なぜか荒涼とした映像となっている。

蕪村の句に「鳥羽殿へ五六騎急ぐ野分かな」がある。

南風《はえ》

中四国から九州にかけて夏に吹く、おだやかな南風。東京・竹橋の東京近代美術館に、「南風」

（一九〇七年作）という作品が常設されている。木造船に乗った四人の男のうち一人は、上半身ほとんど裸である。木造船は、風を受けているようである。作者は、福岡県出身の和田三造（一八八三〜一九六七）。「南風」は外光派の代表的な作品といわれており、たくましい男たちの姿が描かれている。

南風は、黒南風と白南風がある。梅雨のときとその後に吹く風のことである。梅雨のときの黒南風は、暗くジメジメした天候の中で吹くことから名づけられた。一方、白南風は、梅雨の後に吹く南風で、さわやかなイメージから名づけられた。梅雨の半ばは荒南風という。北原白秋の第六歌集に『白南風』（一九三四年）がある。

疾風《はやて》

「しっぷう」と読むこともあるが、「はやて」のほうが語感がいい。「急に激しく吹き起こる風」（広辞苑）のことで、「疾風のようにあらわれて　疾風のように去っていく」といえば、「月光仮面」だった。原作者は川内康範、絵は桑田次郎で、マンガとして「少年クラブ」に一九五一年から連載された。全身を白い衣装で覆い、マントをなびかせ、オートバイに乗って神出鬼没の月光仮面は、たちまち子どもたちのヒーローとなった。サングラスをかけ、額には探照灯のようなライトをつけたスタイルはあこがれの的でもあった。テレビ放送が一九五八年に始まるやいなや、月光仮面のスタイルをまねする子どもが続出した。とはいっても風呂敷をマント代わりに、駄菓子屋で売っていたセルロイドのサングラスをかけるだけだったが、子どもたちはこれで結構満足していた。

テレビの「月光仮面」は、まだモノクロの世界であり、ブラウン管も小さく、アクションのダイナミズムは今日から比べるならば子どももだましも同然だったが、幼児の娯楽が少なかった当時、少年少女に強烈な印象を与えた。月光仮面遊びが過ぎて屋根から飛び降りてケガをする子もいたほどだった。

春いちばん

春になったことを知らせる強い南風で、『風の名前　風の四季』（半藤一利、荒川博著、平凡社新書、二〇〇一年）によると、「もともとは能登・志摩以西の、とくに壱岐島の、漁民たちが防災的にいいならわした日常語」だという。今日では、春の到来を知らせるマスコミの常套句となっている。同書によると、このことばは新しく、『広辞苑』の第二版（一九六九年）で初めて収録されたという。

「春一番」（作詞・作曲・穂口雄右、一九七六年）といえばキャンディーズのヒット曲でもある。この曲は、全体が「です・ます」調の歌詞で、大ヒットした。「もうすぐ春ですネ……」という歌い出しが耳に残っている人も多いことだろう。

五輪真弓に「春便」という歌があり、「春一番が吹き荒れる日は」で始まるということを『風の名前　風の四季』が教えてくれた。

山背《やませ》

山背風の略。この風が夏の北海道・東北地方の太平洋側から吹くと稲作に大打撃を与える。なぜならば、夏だというのに温度は下がり、霧のように冷気が田を覆ってしまうことがあるからだ。稲作技術が進んだ今日でも、やませは当該地方の農民にとっては大敵である。『風の名前　風の四季』によると、「高気圧は一般に好晴をもたらすのがふつうだが、梅雨前線を形成する一因である三陸沖の、いわゆるオホーツクの高気圧は、東北地方に冷たい湿潤な空気を送り込む」という。

一九九三年は、記録的な冷夏となり、東北地方をやませが襲った。日本全体で米の作況指標は七四。東北ではゼロかごくわずかの米しか取れなかった地方もあった。このような極端ともいえる冷害の中でも、平年に近い収穫を挙げた人もいた（『農が壊れる　われらの心もまた』橋本克彦、講談社、一九九七年）。かつてのやませは、飢饉を生んだが、現在では必ずしもそうではなくなった。しかし、兼業化による低コスト稲作が冷害にはひとたまりもなかったのである。

四　身体にまつわる日本語

色の白いは七難隠す

　顔かたちに欠点があっても、色が白ければ欠点を補い、醜いところが目につかないというものだ、昔からそのようにいわれてきた。この場合の七難とは、顔のどういう欠点を指しているのだろうか。目が細くて垂れている、あるいは目が釣っている、鼻が低くて天井を向いている、あるいは団子鼻、猫の額、口が厚ぼったい、歯が出ている、えらが張りすぎている、などと挙げていけば、あっというまに七難になってしまうのだが、これらをカバーしてくれるほど色白は強力な味方になってくれるということだ。

　いっとき、夏の化粧品のＣＭでは健康的なイメージから小麦色の肌を強調していた時期もあった。また、男女ともに日焼けサロンで顔を黒くするのが流行ったり、ひところは「ガングロ」などと呼ばれた若い女たちが同じような化粧をして特に渋谷のまちをたむろしていたが、彼女たちの黒い顔は、健康的なイメージとはほど遠かった。

　一方では、急速に「美白」がうたわれ、顔を白くする基礎化粧品が次から次へと販売され、また、「日焼けはお肌の大敵！」と紫外線対策として、UVカットの化粧品もよく売れている。確かに日焼けをすると、シミやソバカス、深いシワができやすくなることは確かだ。しかも、一度できると消えないのだから困る。基礎化粧品もこぞって美白路線で売りだすのは、やはり、色白は美人の条件？　ということを十分に知っているのだろうか。

「色の白いは七難かくす」の出典は『浮世風呂』で、もちろん日本の女性に限った話である。

うなじ

首の後ろ、首筋のことをうなじというが、漢字では「項」となる。現代の日常生活では、ほとんど使うことのないことばだが、イメージとしてはやはり、黒髪を結い上げた着物姿の女性の襟足である。ふと思い出すのが、日本画の上村松園（一八七五〜一九四九）が描いた美人画である。京都で生まれ育った松園は、京都の伝統と文化の中で、芯のしっかりした美しくたおやかな京の女を描き続け、艶《つや》っぽさよりも優雅な気品を作品に求めた。

身に纏《まと》った着物柄の美しさ、流麗な全体の印象を形作る美の中心はうなじにあるのではないだろうか。首は頭を支える、身体の中心。着物の似合う女性は細くて長いうなじの生え際が美しい。着物の場合、後ろ姿がポイントなのかもしれない。洋服の場合も、うなじが美しく、柳腰《やなぎごし》とくれば、襟元のデザインが多彩なので、首のさまざまな欠点をカバーすることができる。

さて、海外に目を向けてみれば、うなじ、いや、首の美しい女優として印象的なのが、やはりオードリー・ヘップバーンである。ファニーフェイスのスレンダーな容姿が纏った多彩なファッションで際だったのは、オードリーであった。大げさではなく、彼女の美の中心はファニーフェイスを支えたあの細くて長い首と肩のラインと鎖骨なのではないだろうか。あの首でなければ、彼女の美は生まれなかった。とにかく二〇代〜三〇代前半のオードリーは美しく、世界中のファンを魅了したものだった。後年は、さすがにしわも目立って、もう少しふくよかになればいいのに、などと勝手なことを思ったものだ。

首は顔以上にしわができやすく、どうしたって年齢が表れる。どんなにきれいに若く見える化粧をしても、首を見れば年齢が分かる。ということで、女優たちは、首にしわをつくらないために、枕をしないで寝る人が多いと聞く。二重顎にならないように首の運動をするなど、日々の努力があってこそ美しい首が保たれるのだろう。

顔色なし

唐の詩人白楽天の「長恨歌《ちょうこんか》」に由来する。「長恨歌」は、玄宗皇帝と楊貴妃のロマンスを主題にしたものだが、この中の一節に「六宮の粉黛《ふんたい》　顔色無し」とある。六宮（後宮）の並いる美女も、楊貴妃の前では色あせてしまうという意味で、元来は女性同士の美しさを競う意味で使われたが、いまでは、「スゴイ!」「かなわない」という意味で使われている。

肝腎要

肝臓と腎臓は身体の要の臓器であることから、とても大事なことをいう。

肝臓は人体の中で、脳と並んで最も大きな臓器で、大変働きものである。腸から吸収された栄養物を代謝・合成して栄養素に変えたり、貯蔵したりする。また、胆汁をつくって十二指腸に分泌すると、胆汁は腸の中の食物と混じって脂肪の消化を助ける。また、外部から入ってきた毒物や体内で発生した有害物質を解毒して体外に排出する。しかも、沈黙の臓器と呼ばれ、痛みを発することはなく、機能の予備力も大きく、老化しにくい臓器である。しかし、いったんダメージを受けたら治すことが難しい臓器なのである。

一方、腎臓は老廃物をこし出すフィルターであるだけでなく、解毒作用という大きな役割を持っている。肝臓が分解産物を胆汁から腸へ介して便へと出すのに対して、腎臓では、こし出された毒物が尿へと出る。ちなみに、尿毒症というのは、腎臓で処理できない毒物が体内に貯まって、さまざまな障害を身体に起こす病気だ。また、腎臓は水分や塩分を調節する働きがある。人間の身体の六〇パーセントは水分でできていて、細胞の中に四〇パーセント、血液などの細胞外に二〇パーセントの水分が分布しているが、この最も重要な物質のバランスを調節している。この調節がうまくいかないと、むくみが出るのだ。さらに、腎臓は血圧のコントロールもしているのである。

肝胆相照《かんたんあいて》らす

切っても切れないほどの仲のことをいう。友情の厚さの表現でもある。もともとは、腹の底（肝と胆）を見せてもいい友人のことをいった。腹を割って話せる仲のことでもある。ともにウソ偽りのないつきあいがないとできない間柄のことである。

「人師は遭いがたし」ということばがある。師とすべき人にはなかなか出会えないということであるが、これと同じように本当の友人はなかなか持つことができないということをいったのがこのことば。「彼は昔の彼ならず」ということばもある。昔の友人だと思っていた人が、長い間に心変わりしてしまったということがその意味である。それはお互いにいえることで、人の世はかくも酷薄なものであるという現実がこのことばの裏にはある。

この「肝腎要」も最近は、肝心と書く例が多くなった。いつごろからこうなったのかは定かではないが、医療関係者でも〝腎〟ではなく、〝心〟と書く人が多い。ジンという音が同じことからこうなったのであろうが、語源からいったら、肝心はまちがいなのである。しかし、いまではほとんどの人がまちがいであると指摘すらしない。

苦爪楽髪《くつめらくはつ》

苦労をしていると爪が早く伸び、楽をしていると髪が早く伸びるという意味。しかし、このことばの反対、「苦髪楽爪《くはつらくつめ》」というのもあるが、この世は哀歓きわまりなく、苦楽の繰り返しで人生を送っているのが人間であると解釈される。つまり「人生楽あれば苦あり」ということである。いずれにせよ、苦楽があっても、髪や爪は伸びるものである。生きているということはそういうこと。ただ、髪の毛の場合は、伸びるのだが、毎日抜けていくというのももうひとつのリアリティーである。そして、爪を見れば健康状態が分かるともいわれているが、どうなんだろうか。そこでこのメカニズムを覗いてみよう。

爪は角質（死んだ細胞）が特別に発達したもので、爪の根元よりさらに奥のあたりにある爪母細胞というところで作られる。ほとんどがケラチンといわれるタンパク質でできており、皮脂腺や汗腺がないので、皮膚のように自分自身で潤いをつけることができず、主成分であるタンパク質の保湿力がすべてである。ということは、マニキュアは爪にはよくないということが分かる。まず、爪を覆ってしまうので表面に異常乾燥をまねくということ。さらに、マニキュアを落とす除光液が爪のタンパク質がもつ保湿力までも強力に落としてしまうのである。だから、マニキュアを常用している人の爪が一応にツヤがなく、色あせているのもそれが原因だ。

若い女性の爪を見ると、マニキュアの色もずいぶんと様変わりしてきたなと思う。指先を美しく見せるというよりも爪にアートを施すといったふうで、爪が爪に見えない。まあ、本人たちは楽しいのだろうなと想像してしまう。

若いころは、見た目が大事ということで、無茶してもファッション性を優先させたがるが、髪の毛や爪の健康にも注意を払いたいものである。

小股

「小股が切れ上がる」という表現があるが、どういう意味なのか。辞典には「婦人のスラリとしていて粋なからだつきをいう」（広辞林、広辞苑）、「女性の足がすらりと長く、粋な姿」（大辞泉）、「きりりとして小粋な女性の形容」（大辞林）などとある。また、井原西鶴の『本朝二十不孝』には、「すまた切れあがりて大男」の表現が見えることから、もともと「小股」という器官があるわけではなく、股とはももとももとの間の空間を意味し、「すまた切れ上がる」とは「足が長い」と解釈するようだ。江戸時代、腰の位置が高く、足が長くてすらりとした女が歩く様子に見惚れた男がそう形容したのではないだろうかと想像してしまう。

小股は柳腰と同じように現代ではあまり使われない表現だが、最近の若い女性は足が長くて、まさに小股が切れ上がった人が多い。ファッションモデルたちの見事なプロポーションを見よ。そこでひとつ、足の長いスラリとした女を「小股が切れ上がったいい女」と少しばかり古風に粋に褒めてみよう。褒められて嫌な気はしないだろうが、中には身体に関する感想をいおうものなら、「小股ってなに、イヤラシ〜。それってセクハラ発言じゃん」などと反撃にあいそうである。

馬《ば》耳《じ》東《とう》風《ふう》

馬の耳に、どこからともなく吹いてくるといった感じのやわらかい風が吹き過ぎるように、人の意見や批評などを聞き流して少しも気にとめないことをいう。東風はこちとも読む。出典は蘇《そ》軾《しょく》の「何《か》長官に和する六言詩」。似た表現として「馬の耳に念仏」「馬に経文」などがある。

こう書くと、馬の耳が鈍いように思われがちだが、実際には馬の耳はとても敏感で、音や気配にすぐに反応して耳の形が変化する（動物一般にいえるが）。それが喜びや好奇心、不安や怒りなどの感情を表わしている。

さて、ここで思うのは人の意見や批評などを聞き流すというのは、ときとして必要なことなのかもしれないということである。いちいち人の意見や批評などを気にとめないでマイペースでいることも必要なことである。似たようなものとして「ぬかに釘」ということわざもあるが、こちらのほうが「この人にはなにをいっても無駄なんだ」と思われても仕方ないようなニュアンスがある。

「ぬかに釘」といわれるよりは「馬耳東風」といわれるほうが、なんとなく詩的で、しかも飄々とした感じがあっていい、などと楽観的になれるのである。

腹八分目

「腹八分に医者いらず」という。満腹になるまで食べることをしないで、いつも八分目程度でやめておけば健康でいられるので、医者にかかることもないということである。これは日本だけに伝わることわざではない。実際にアメリカの学者がネズミを使って研究した結果、腹八分にさせたネズミよりも満腹にさせたネズミのほうが早く死に、毛並みや身体の動きにもちがいが生じたという。

人間の場合も、同じである。「うまいうまい」とつい食べ過ぎる。腹八分目をとおり越し、大食漢とくればその量も想像を絶するほどで、しかもカロリーの高い食品ばかり、酒も多量に飲み、おまけに動くのが嫌いときては、太るのは当然の結果だろう。標準体重(身長と関連させた算式はいろいろあるが、ここでは身長引く八〇の七掛け)を一割以上オーバーしていると、「やや肥満」、二割以上オーバーしていると「肥満」となる。ただ、こういった計算だけで「肥満」とするのは正確ではないかもしれない。

痩せていてもお腹だけぽっこり出ている人もいれば、数字上は肥満の体重であっても筋肉質のがっちりした人もいるからだ。肥満というのは、実は体重が多いことではなくて、脂肪が多い状態である。最近のヘルスメーターは体脂肪も測定できるので、それを肥満度の目安として体重をコントロールすることができるようになった。

肥満は糖尿病をはじめ生活習慣病になりやすくなり、血液中の脂肪を増やすなど、動脈硬化を引き起こすことになる。動脈硬化が進むと、血圧が高くなって狭心症や心筋梗塞になりやすくなる。

動脈硬化といえば、中高年に起きやすいとされてきたが、ここ一〇年で、二〇代～三〇代の男性がなんと二倍に増えた。これは高脂肪の食品の摂取が原因によるもので、加齢に関わりなく個々人で生活習慣の改善に努めなければならなくなってきたのである。

つい大食いしてしまう人というのは、早食いの人が多い。次から次へと、よくもまあ入るもんだと感心するほどで、尽きることのない食欲たるやすさまじいかぎりである。食欲があるのは大いに結構だが、空腹感をいそいで埋めようとするから、ついつい量が多くなるのだろう。肥満を防ぐには、もちろん食べる分量を減らせばいいのだが、これがなかなかできない。そこで、ゆっくり食べると食べているうちに消化吸収が進み、血糖値が高くなり満腹感が生まれ、食べ過ぎになりにくいという。

「腹八分目」に似た言い方として「腹も身の中」「大食短命」「小食は長生きのしるし」などがある。

福耳

肉厚で大きな耳たぶをした耳の持ち主は福を呼ぶとか、金が貯まるということから福相とされ、福耳と表現されている。金が貯まれば幸せなのかと突っ込まれたら、身も蓋もないが、この耳たぶと金満家とは相関関係にあるとしか思えないように、たいていの人の耳たぶは大きくて垂れているのだ。なぜだろうか？　人相学的に福耳はふっくらした顔の持ち主についた耳であることが多い。福助の足袋のあの福助さんの顔。にこやかな福々しい顔で裃《かみしも》をつけてご挨拶。まるで商売繁昌のシンボルみたいだ。一時期、低迷を続けていた業績が二〇〇四年には盛り返したというから、福耳のご利益なのだろうか。耳たぶというのは、金が貯まりだしたら大きくなるものなのだろうか。それとも、生まれつき耳たぶの大きい人が福を呼ぶものなのだろうか。

生まれつき耳たぶの小さな人は福の神が来ないのだろうか。金が貯まらないのだろうか。などと疑問もわいてくる。

富士額《びたい》

おでこの生え際が富士山の頂きのようになった額のことで、日本独特の表現である。女性が日本髪を結っていた時代、狭かろうが広かろうが、誰もが額を出していた。額を出すのが当時のスタイル。「富士には月見草がよく似合う」ではないけれど、日本髪に富士額はよく似合うことから、それは美人の条件のひとつであった。

腑に落ちない

読んで字のごとく、食べたものが腸《はらわた》、内臓に下りていかないというたとえのように、納得できないことをいう。

「世の中、人間関係、腑に落ちないことだらけだ」と思っている人はとても多いように思う。しかし、同じことがらでも納得できる人もいる。納得できるか、できないかは、本人の問題である。人間、顔もちがえば、内臓器官のあり方もちがう。同じものを食べてもすんなり腑に落ちていく人もいれば、なかなか落ちていかない人もいる。腑に落ちなかったら、落ちやすいようにまず歯でしっかりと咀嚼する必要がある。唾液も出てきて、細かい状態になって食道を通過して、胃袋へと送りだされる。

緑の黒髪

つややかな美しい黒髪をきらきら光るような瑞《みず》々しい若葉にたとえて、緑の黒髪と表現したのだろう。最近は年齢に関わりなく髪を茶色や金色に染める日本人が多くなり、特に若い女性の黒髪は減少しているようだ。右も左も茶髪から金髪、最近は小学生でもたまに茶髪がいて、みんな顔つきも同じように見えることがある。逆に同じ制服に身を包んだ中学生の黒い髪を見るとほっとさせられたり、さわやかな印象をもつのはなぜだろうか。それにしても緑の黒髪の少なくなったこと。そのうち、髪の黒い日本人のほうが少なくなることも十分に考えられるのである。

美しい黒髪を「烏のぬれ羽色」という表現もあるが、まっすぐに伸びた美しい黒髪の女性がぐんと減ってしまった現代では、ほとんど、使われないことばになってしまったようである。

髪の毛にとっては毎日洗って清潔にしておくのがいいといわれているが、昔、女性たちはどんな手入れ方法で黒髪を保っていたのだろうか。ドラッグストアに氾濫するヘアケア製品を目の当たりにすると、腰まで届くような長い髪の手入れはどのような方法で行われていたのだろうかなどと不思議に思う。

毎日のように洗髪できたわけでもない時代の知恵を知りたいというわけで調べてみると、洗髪によって、頭髪の粘りや汚れ、嫌な匂い、かゆみなどを取り去ることは、『枕草子』に、心ときめきするもの「かしら洗いけそうして……」とある。『延喜式《えんぎ》』（九二七年）によると、「ゆする」（米のとぎ汁）のための白米と、「洗料」（洗粉）としての小豆が出ている。この時代は髪油の代わりにも「ゆする」が使われ、また、鎌倉時代からは「びなんかずら」の粘液が使われていたが、水溶性なので「むくろじゅ」や「さいかち」の樹液でも手軽に落ちる。また、『うつほ物語』には、女の髪の美しさが喜ばれ、「御髪すまし」といって髪洗いの描写がたくさん出ている。

とくに女子の長い髪の洗髪には苦労した。まず天候を見定めて洗髪料の調整にかかるので一日がかりの仕事で、年に何回という洗髪だったというのだから、いまと比較すれば、驚異としかいいようがないのである。

明眸皓歯《めいぼうこうし》

唐中期の詩人である杜甫の「哀江頭の詩」からの出典で、澄んだ眸《ひとみ》と白い歯をいう。ここでは、美人（楊貴妃）のたとえだが、「絶世の美女」と伝えられた楊貴妃とはいったいどんな容姿をしていたのだろうか、と興味をひかれる。しかし、彼女の容姿は知るすべもない。

ちなみに、古い日本映画に溝口健二監督の「楊貴妃」（一九五五年）がある。これは楊貴妃に京マチ子、玄宗に森雅之が扮しているが、少し妖艶な楊貴妃のイメージである。

澄んだ目と白くて並びのいい歯（口元）は顔の中では、とりわけ目立つ部分なのかもしれない。先天的に備わったものであればいうことなしだが、そうでない場合においては欠点を補う手段としての美容整形がある。はっきりとした二重瞼の切れ長の目、そして芸能人などは差し歯にしている人のなんと多いことか。歯科医に聞いてみたところ、やはり歯の印象は大事だということで、芸能人などは白くて美しい歯並びにする人が多いとか。しかし、差し歯は差し歯である。歯茎から生える自分の歯のほうがよほど透明感があり、健康美にあふれている。しかし、虫歯だったり、歯並びが悪かったりする場合もあるから、しょうがないのか。

にごりのない澄んだ瞳にコンタクトレンズも似合わない。澄んだ瞳ははっきりと見る力を持っていなくてはならない。差し歯にコンタクトレンズ、昔では考えられない矯正術で、そういう意味においても現代の美人像は大きく変化した。さて、まちいく女性たち、天然の明眸皓歯はどのくらいいるのだろうか？

目は口ほどに物をいう

相手に自分の気持ちを伝えるのは難しい。いわなくても分かってほしいと心でひそかに考えているような人が多い。一方では「口に出していわなければ、分からないよ」という人もいる。さて、どうなんだろうか。

人間の表情の中心は目である。口ではどんなことでもいえる。ことばを巧みに駆使して、嘘も飛び出すのが口である。しかし、目は気持ちをそのまま表わしているということ。確かに、気持ちがいきいきしていると、自然に目もいきいきとしているものだ。特に恋愛に関しては、目はひとつの信号である。好きな相手を見る目は輝き、それはやさしさに満ちた眼差しであるだろう。そういえば、「恋は盲目」ということわざもあった。目は口ほどに物をいっても、ときとして恋という感情が人を見えなくしてしまうものでもある。

そして、正直な目はときに恋の終わりを無言で告げるのか。昔、「うそ」という歌謡曲があった。「折れた煙草の吸い殻であなたの嘘がわかるのよ」という歌詞には女が男の嘘を見抜いたときの心情が映し出されている。

しかし、昨今は喫煙家にとって居心地のいい場所が少なくなってきたため、煙草の吸い殻では嘘は見抜けない。男女問わず、やはり、目を見れば相手の気持ちはだいたい分かる。目が泳ぐ、目をそらす、目を合わせないのは、嘘をついている場合が多い。たまに相手を直視しながら平気で嘘をつく手合いもあるから、一概にはいえないが、相手のついた嘘に気がつくとき、たいていその目が真実を語っていることが多いようだ。

「目は口ほどに物をいう」に似た表現として「目は心の鏡」（孟子）がある。心が正しければ、目も美しいというような意味。「目千両」は千両もの値打ちがあるほど美しい目をさすが、ところで、現代人の目はとても疲れているという。特に二〇代~三〇代の若いビジネスマンやＯＬ、学生、そして子どもなど目の異常を訴える人が急増している。テレビやパソコンの画面を長時間見続けていると疲れ目やドライアイなどの症状が見られる。評判の眼科にいけば、待合室に入りきらない人たちが病院の建物の外にあふれている。老若男女、目に異常を感じてやってきたのである。口ほどに物をいう目を大切にしたいものである。特に四〇歳以上に起こりやすい目の生活習慣病と呼ばれる病気は白内障《はくないしょう》、緑内障《りょくないしょう》、網膜剥離《もうまくはくり》、眼底出血などがあり、いずれも放置すると失明することも考えられるので、早めの眼底検査によって早期発見を。

柳腰《やなぎごし》

柳は柔らかくしなやかである。そんな柳にたとえ、細くてしなやかな腰つきを柳腰というのだが、これは着物を纏った女の後ろ姿のイメージであり、日本独特の表現である。たとえば、伊東深水や上村松園の日本画になど描かれるほっそりした女の着物姿が思い浮かぶ。鏑木清方の「築地明石町」というタイトルの美人画、あるいは竹久夢二が描いた着物姿の女たちも細くてしなやかな腰つきではなかったたか。

昨今の若い女性たちの後ろ姿、確かに細い腰に長い足が目立つのだが、これに柳腰という表現はあてはまらないような気がする。ジーンズ姿の細い腰は男のようでもあり、大股で歩く姿にはしなやかさは感じられない。やはり、柳腰に似合うファッションは着物なのかもしれない。着物がもつ素材感と身体をすっぽりと包み込んでしまう流れるようデザイン、歩幅を小さくして歩く姿こそが柳のイメージなのだろう。

そして柳といえば、すぐに思い浮かんでくるのが銀座の柳である。歌にも歌われ、逸話も多い銀座の柳は東京都中央区の樹に指定されているが、なぜ銀座の柳なのか。

明治五年二月二六日、銀座が大火に見舞われたのを機に、東京府は府下一円の市街を不燃性建築物に改造しようと計画し、明治一〇年ごろに銀座煉瓦街がほぼできあがった。街路樹として楓や松、桜を植えたが、馬車が通るようになると次から次へと枯れだしたので、欧米にならって柳を植えたところ、大成功。明治の末には銀座の街路樹は柳一色となって、人びとに親しまれた。大正八、九年ころに道路拡幅工事で撤去されたが、柳をなつかしむ人びとの柳の再現を望む声が高くなって、関東大震災後に復活した銀座通りに、昭和六年、再び柳が植えられたのである。「植えてうれしい銀座の柳」と歌も登場して、銀座の柳は一世を風靡したのである。戦後は取り払われそうになりながらもなんとか生き延びていたのだが、都電廃止、道路拡張とともに柳は銀座から姿を消すことになった。それでも現在、数は少ないが銀座の柳は風にそよぎ、昔をしのばせてくれている。

柳は北半球北部を中心に約四〇〇種類あるといわれ、日本には約九〇種類が生息しているが、意外にも柳の樹皮には解熱作用があるのだ。樹皮のサリシリンという物質からサリチル酸がつくられ、これをアセチル化したものがアセチルサリチル酸。つまり、アスピリンのことである。ちなみにサリチル酸は柳＝サリックスに由来している。

柳に関することわざは「柳に雪折れなし」「柳に風」「柳の下のどうじょう」などがある。

夢は五臓六腑の疲れ

なぜ、人は夢を見るのだろうか（動物も見るらしいが）。毎日のように夢を見る人がいれば、あまり見ないという人もいて、個人差がある。夢を見るのは五臓（肺臓・腎臓・肝臓・心臓・脾臓）と六腑（大腸・小腸・胆・胃・三焦〈上中下に分れ、消化吸収および大小便の排泄をつかさどる〉・膀胱）の疲れが原因のひとつだといわれてきた。つまり、身体全体が疲れているということになるが、ここにおいては脳や精神の疲れが指摘されていないのが不思議である。なぜ、夢を見るのか。願望の達成、日中の行動の予行演習、あるいは体験したことを記銘するプロセスなど、意見がいろいろあるらしいが、はっきりしたことは分かっていない。

あとがき――団塊の世代への応援歌

本書は、本書の版元である冬青社の高橋国博氏と、昨今の若者たちがモノを知らないことに悲《ひ》憤慷慨《ふんこうがい》しているうちに生まれたものである。若者がモノを知らないのは、今に始まったことではないと、「はじめに」でも書いたが、昨今のそれは、度をこしているのではないかとの結論に達したものの、果たしてその処方箋はありやなしやを語らっているうちに、落ち着いたのは、彼らはことばを教えてもらっていないのではないかという仮説であった。

ことばを教えるといっても、国語の授業で徹底的に、というわけではない。いうまでもなく、ことばは長い歴史・伝統・文化・生活に綯い交ぜられて今日の姿をしているわけで、そうした背景をぬきに、というわけにはいかない。

わたしが高橋氏と件《くだん》のことを語らっているころ、期せずして日本語についての書籍が多数出版され、ある種の日本語ブームらしきものが生まれていた。それらの刊行の意図は、わたしたちが抱いた危惧と同じようなものであったが、それらのほとんどは、ことばの意味や使い方について解説し、国語の授業のサブリーダーとして役に立っても、ことばの持つ豊かさへのみちびきとなるふくらみのようなものがなかった。つまり、そのことばの持つ豊かさとか、ことばに対する思い入れが希薄であったことにわたしは不満であった。

それを克服したいというわたしの試みが果たしてうまくいったかどうかは、読者に任せる以外にないが、わたしとしては、本書を書きながら、「ことばの持つ豊かさ」はどうしたら表現できるかを方法論として発見していく仕事でもあった。方法論といっても、何か定理のようなものが見つかったわけではない。

本書を書きながら、ことばの解説だけでは「どうも面白くない」ということを感じはじめていたが、自分のやっていることが出はじめていた類書と少しも変わりなく、書いていくことがいささか苦痛になりはじめていた。その時、みずからの体験や知識に即して書けばいいのではないか、という今から考えれば当たり前のことに気づいたのである。みずからが使ったこともないことばについて書くのは、読者の方々にとっても面白くもないし退屈なうえ、無責任のようにも思えたのだ。

とはいうものの、わたしの体験や知識など高が知れているのを知るのには、いつもの伝で時間がかからなかった。さて、それからが困った。原稿用紙（わたしはまだ使っている。ついこの間、一万枚も刷ってしまった）の前で呻吟することことごとくであった。

しかし、しかしなのだが、呻吟しているうちに、ホンの少しは光明のようなものも見えてきたのも事実。その光明とは、ことばや使われているうちに、ホンの少しは光明のようなものも見えてきたということであった。それからは、このわずかな光明を頼りに少しずつ書き貯めていった。そうこうしているうちに、かなりの量となったのでそれを読み返してみると、落語や映画についてふれていることが多いことに気づいた。読者にとって身近な例証をできるだけあげたいという意図が期せずしてそうなったのだが、落語と映画なら、人並みか少しは上まわるキャリアはある（二〇代から三〇代は両者と疎遠になったが）。しかし、わたしは、落語と映画の蘊蓄《うんちく》を語るつもりは毛頭なく、そのようなものをひけらかすのも柄ではないが、失われつつあることばについて書く場合、落語にはずいぶんとお世話になったことはまちがいない。

いわゆる古典落語に出てくることばは、ついこのあいだまで使われていたことばが基になっている。大ざっぱにいって、江戸後期から昭和の三〇年代ぐらいまで日常的に使われていたものだったので、いま五〇代以上の大人たちは、使ったことはなくてもその意味は分かるだろう。意味が分かるものの、使われなくなったことばというものは、とてつもなくあるだろうが、問題は、それらのことばが今日どのように位置づけられているのだろうか、ということだ。まだ死語になるにはほど遠く、さりとて現代に流通しているわけでないからだ。この宙ぶらりんとなったことばを、わたしたちはどうしたらいいのだろうと考えつつ、本書でわたしは、それらのことばの豊かさを味わってほしいと「はじめに」で書いた。

以下に述べるのは、わたしの仮説であるが、使われなくなったことばがふえていくにつれ、現代に流通していることばが貧相になっていったように思える。いちいち検証したわけではないので論証はできないが、日ごろわたしの出合う日本語は情報としてのことばが多く、趣があり品格を備えたものではなくなりつつあると思っている。さりとて、使われなくなったことばをおぼえて使うことで、事足りるというわけにはいかない（ただし、ことばは学習によって豊かになるという側面があるので、知らないことは知っておいたほうがいい）。

むずかしいのは、使われなくなったことばが増えているのは、それを支えていた生活・暮らしが失われているからに他ならないことである。したがって、失われつつあることばを扱うことは往々にしてかつての生活・暮らしを懐かしむことと同じことになってしまいかねない。懐かしむのは勝手だが、失われた生活・暮らしは二度と帰ってこない以上、失われつつあることばを弄《ろう》するのは、趣味人の慰めではないのかとの謗りを受けるだろうし、「今さらどうなるものではない」

と誰しもが思うのは、大いに予想されることだろう。

だがわたしは、そうは思わない。失われつつあることばを現代に蘇らせようとするのは、ささやかな現代文化への抵抗であり、ひいては文化革命の提案のひとつであると考えているからだ。失われた生活・暮らしは二度と戻らないにしても、ことばを蘇らせることはできると同時に、その精神を呼び戻すことにつながる。

わたしは現状に大いに不満である。そして、その現状がそうたやすく変わるなどとも思っていない。むしろ、事態は絶望的な方向に向かっていると思っている。どこの、何がと具体的には指摘しないが、この高度資本主義社会から掃き出される膨大な情報の量の前に、わたしは打ちひしがれている、といったほうが正確だろう。そして、その現実を招来したのは、わたしたちであるという反省に立てば、おのずと方向は明らかになる。

二〇〇七年は、いわゆる団塊の世代が大量にリタイアしていく初めての年である。これから団塊の世代の功罪がかまびすしく話題になっていくに違いないが、そのひとつとして「はじめに」でも書いたように「文化の断絶」が起こってしまったことの責任の一端を、団塊の世代前後の人たちが負わねばならないとわたしも含めてそう思っている。それは不作為の行為であった。つまり、わたしたちはほとんどなすすべなく日を送ってしまったのだといいつのることに、内心忸怩《じくじ》たる思いはするものの、やはりそれはいっておかなければならない。

本書の趣旨は、いまから半世紀から百年前まで使われていたことばが実に豊かであったことを再確認することであった。わたしたちはまず、使われなくなったことばは、まだまだたくさんあるということを知らなければならない。本書がそのキッカケになってくれることを切に願うが、使われなくなったことばは、わたしたちの両親や祖父母の世代が日常のなかで身に付けていたものであったことを思い起こしていただければ、道は拓けてくるのではないだろうかと考えている。つまり、明治から昭和にかけての文学作品をはじめとし、ルポルタージュ、エッセーなどをぜひ読んでいただければ、そのなかで眠っているわたしたちの祖先の日本語が、今日のものよりはるかに豊かであることを知ることができる。

わたしは、すでに絶版になって久しい斎藤隆介著『職人衆昔ばなし』（正続、初版一九六七年、文藝春秋。七九年に文庫化されるも、現在絶版）をときおり、寝ながら読むことがある。同じ斎藤とはいえ、縁もゆかりもないが、同書中に出てくる老人たちの話しことばがひどく懐かしくうれしいのである。

同書の文庫本のあとがきに、同書単行本の出版記念会のおり、安藤鶴夫氏がスピーチに立ち、「みんな明治の顔で、――町で逢ってもお辞儀したくなるような……」と涙声でいったまま絶句してしまったことが紹介されている。明治の老人たちは、実直で律儀で丹誠な仕事をしながら生活・暮らしのなかで立派な顔をつくってきた。

ことばを磨くことは、立派な顔をつくる大事な一歩であると、わたしは考えている。

二〇〇六年九月吉日

著者

（参考文献は文中に記したので列挙しないが、先行の類書にはお世話になった。）

著者　齋藤一夫（さいとう かずお）

1945年、埼玉県の疎開先で生まれる。

大学卒業後、都内でさまざまな編集・制作者生活をして今日にいたる。還暦を機に、文筆業への転身をはかる。

現在、「一葉のいた東京」を準備中。明治初年の江戸・明治人はどのように生きたのかがテーマ。

子どもたちに残したい日本語

二〇〇六年九月一五日　第一版印刷
二〇〇六年九月二五日　第一版発行

著　者　齋藤　一夫
編　集　福山えみ
発行者　髙橋国博
発行所　株式会社　冬青社
東京都中野区中央五―一八―二〇
電　話　〇三―三三八〇―七一二三
ＦＡＸ　〇三―三三八〇―七一二一
郵便振替　〇〇一三〇　三　一三五一六一
印刷・製本　株式会社シナノ印刷
Printing trade　浅間速人

ISBN 4-88773-058-6 C0081
価格はカバーに表示してあります